浙江文化研究工程成果文库

宋韵文化简读

陈野等◎著

浙江人民出版社

图书在版编目（CIP）数据

宋韵文化简读 / 陈野等著. — 杭州 ：浙江人民出版社，2021.12（2022.10重印）

ISBN 978-7-213-10425-1

Ⅰ. ①宋… Ⅱ. ①陈… Ⅲ. ①文化史-中国-宋代 Ⅳ. ①K244.03

中国版本图书馆CIP数据核字(2021)第261904号

宋韵文化简读

陈野 等 著

出版发行：浙江人民出版社(杭州市体育场路347号 邮编 310006)

市场部电话：(0571)85061682 85176516

责任编辑：汪 芳 李 信　　营销编辑：陈雯怡 陈芊如

责任校对：何培玉　　责任印务：程 琳

封面设计：王 芸

电脑制版：杭州天一图文制作有限公司

印 刷：杭州钱江彩色印务有限公司

开 本：710毫米×1000毫米 1/16　　印 张：14.5

字 数：164.6千字　　插 页：2

版 次：2021年12月第1版　　印 次：2022年10月第4次印刷

书 号：ISBN 978-7-213-10425-1

定 价：58.00元

“浙江文化研究工程成果文库”总序

有人将文化比作一条来自老祖宗而又流向未来的河，这是说文化的传统，通过纵向传承和横向传递，生生不息地影响和引领着人们的生存与发展；有人说文化是人类的思想、智慧、信仰、情感和生活的载体、方式和方法，这是将文化作为人们代代相传的生活方式的整体。我们说，文化为群体生活提供规范、方式与环境，文化通过传承为社会进步发挥基础作用，文化会促进或制约经济乃至整个社会的发展。文化的力量，已经深深熔铸在民族的生命力、创造力和凝聚力之中。

在人类文化演化的进程中，各种文化都在其内部生成众多的元素、层次与类型，由此决定了文化的多样性与复杂性。

中国文化的博大精深，来源于其内部生成的多姿多彩；中国文化的历久弥新，取决于其变迁过程中各种元素、层次、类型在内容和结构上通过碰撞、解构、融合而产生的革故鼎新的强大动力。

中国土地广袤、疆域辽阔，不同区域间因自然环境、经济环境、社会环境等诸多方面的差异，建构了不同的区域文化。区域文化如同百川归海，共同汇聚成中国文化的大传统，这种大传统如同春风化雨，渗透于各种区域文化之中。在这个过程中，区域文化如同清溪山泉潺潺不息，在中国文化的共同价值取向下，以自己的独特个性支撑着、引领着本地经济社会的发展。

从区域文化入手，对一地文化的历史与现状展开全面、系统、扎实、有序的研究，一方面可以借此梳理和弘扬当地的历史传统和文化资源，繁荣和丰富当代的先进文化建设活动，规划和指导未来的文化发展蓝图，增强文化软实力，为全面建设小康社会、加快推进社会主义现代化提供思想保证、精神动力、智力支持和舆论力量；另一方面，这也是深入了解中国文化、研究中国文化、发展中国文化、创新中国文化的重要途径之一。如今，区域文化研究日益受到各地重视，成为我国文化研究走向深入的一个重要标志。我们今天实施浙江文化研究工程，其目的和意义也在于此。

千百年来，浙江人民积淀和传承了一个底蕴深厚的文化传统。这种文化传统的独特性，正在于它令人惊叹的富于创造力的智慧和力量。

浙江文化中富于创造力的基因，早早地出现在其历史的源头。在浙江新石器时代最为著名的跨湖桥、河姆渡、马家浜和良渚的考古文化中，浙江先民们都以不同凡响的作为，在中华民族的文明之源留下了创造和进步的印记。

浙江人民在与时俱进的历史轨迹上一路走来，秉承富于创造力的文化传统，这深深地融汇在一代代浙江人民的血液中，体现在浙江人民的行为上，也在浙江历史上众多杰出人物身上得到充分展示。从大禹的因势利导、敬业治水，到勾践的卧薪尝胆、励精图治；从钱氏的保境安民、纳土归宋，到胡则的为官一任、造福一方；从岳飞、于谦的精忠报国、清白一生，到方孝孺、张苍水的刚正不阿、以身殉国；从沈括的博学多识、精研深究，到竺可桢的科学救国、求是一生；无论是陈亮、叶适的经世致用，还是黄宗羲的工商皆本；无论是王充、王阳明的批判、自觉，还是龚自珍、蔡元培的开明、开放，等等，都展示了浙江深厚的文化底蕴，凝聚了浙江人民求真务实的创造精神。

代代相传的文化创造的作为和精神，从观念、态度、行为方式和价值取向上，孕育、形成和发展了渊源有自的浙江地域文化传统和与时俱进的浙江文化精神，她滋育着浙江的生命力、催生着浙江的凝聚力、激发着浙江的创造力、培植着浙江的竞争力，激励着浙江人民永不自满、永不停息，在各个不同的历史时期不断地超越自我、创业奋进。

悠久深厚、意韵丰富的浙江文化传统，是历史赐予我们的宝贵财富，也是我们开拓未来的丰富资源和不竭动力。党的十六大以来推进浙江新发展的实践，使我们越来越深刻地认识到，与国家实施改革开放大政方针相伴随的浙江经济社会持续快速健康发展的深层原因，就在于浙江深厚的文化底蕴和文化传统与当今时代精神的有机结合，就在于发展先进生产力与发展先进文化的有机结合。今后一个时期浙江能否在全面建设小康社会、加快社会主义现代化建设进程中继续走在前列，很大程度上取决于我们对文化力量的深刻认识、对发展先进文化的高度自觉和对加快建设文化大省的工作力度。我们应该看到，文化的力量最终可以转化为物质的力量，文化的软实力最终可以转化为经济的硬实力。文化要素是综合竞争力的核心要素，文化资源是经济社会发展的重要资源，文化素质是领导者和劳动者的首要素质。因此，研究浙江文化的历史与现状，增强文化软实力，为浙江的现代化建设服务，是浙江人民的共同事业，也是浙江各级党委、政府的重要使命和责任。

2005年7月召开的中共浙江省委十一届八次全会，作出《关于加快建设文化大省的决定》，提出要从增强先进文化凝聚力、解放和发展生产力、增强社会公共服务能力入手，大力实施文明素质工程、文化精品工程、文化研究工程、文化保护工程、文化产业促进工程、文化阵地工程、文化传播工程、文化人才工程等“八项工程”，实施科教兴国和人才强国战略，加快建设教育、科技、卫生、体育等“四个强省”。作为文化建设“八项工程”之一的文化研究工程，其任务就是系统研究浙江文化的历史成就和当代发展，深入挖掘浙江文化底蕴、研究浙江现象、总结浙江经验、指导浙江未来的发展。

浙江文化研究工程将重点研究“今、古、人、文”四个方面，即围绕浙江当代发展问题研究、浙江历史文化专题研究、浙江名人研究、浙江历史文献整理四大板块，开展系统研究，出版系列丛书。在研究内容上，深入挖掘浙江文化底蕴，系统梳理和分析浙江历史文化的内部结构、变化规律和地域特色，坚持和发展浙江精神；研究浙江文化与其他地域文化的异同，厘清浙江文化在中国文化中的地位和相互影响的关系；围绕浙江生动的当代实践，深入解读浙江现象，总结浙江经验，指导浙江发展。在研究力量上，通过课题组织、出版资助、重点研究基地建设、加强省内外大院名校合作、整合各地各部门力量等途径，形成上下联动、学界互动的整体合力。在成果运用上，注重研究成果的学术价值和应用价值，充分发挥其认识世界、传承文明、创新理论、咨政育人、服务社会的重要作用。

我们希望通过实施浙江文化研究工程，努力用浙江历史教育浙江人民、用浙江文化熏陶浙江人民、用浙江精神鼓舞浙江人民、用浙江经验引领浙江人民，进一步激发浙江人民的无穷智慧和伟大创造能力，推动浙江实现又快又好发展。

今天，我们踏着来自历史的河流，受着一方百姓的期许，理应负起使命，至诚奉献，让我们的文化绵延不绝，让我们的创造生生不息。

2006年5月30日于杭州

“浙江文化研究工程成果文库”序言

袁家军

浙江是中华文明的发祥地之一，历史悠久、人文荟萃，素称“文物之邦”“人文渊薮”，从河姆渡的陶灶炊烟到良渚的文明星火，从吴越争霸的千古传奇到宋韵文化的风雅气度，从革命红船的扬帆起航到新中国成立初期的筚路蓝缕，从改革开放的敢为人先到新时代的变革创新，都留下了弥足珍贵的历史文化财富。纵览浙江发展的历史，文化是软实力、也是硬实力，是支撑力、也是变革力，为浙江干在实处、走在前列、勇立潮头提供了独特的精神激励和智力支持。

2003年，习近平同志在浙江工作时作出“八八战略”重大决策部署，明确提出要进一步发挥浙江的人文优势，积极推进科教兴省、人才强省，加快建设文化大省。2005年7月，习近平同志主持召开省委十一届八次全会，亲自擘画加快建设文化大省的宏伟蓝图。在习近平同志的亲自谋划、亲自布局下，浙江形成了文化建设“3+8+4”的总体框架思路，即全面把握增强先进文化的凝聚力、解放和发展文化生产力、提高社会公共服务力等“三个着力点”，启动实施文明素质工程、文化精品工程、文化研究工程、文化保护工程、文化产业促进工程、文化阵地工程、文化传播工程、文化人才工程等“八项工程”，加快建设教育、科技、卫生、体育等“四个强省”，构建起浙江文化建设的“四梁八柱”。这些年来，我们按照习近平同志当年作出的战略部署，坚持一张蓝图绘到底、一任接着一任干，不断推进以文铸魂、以文育德、以文图强、以文传道、以文兴业、以文惠民、以文塑韵，走出了一条具有中国特色、时代特征、浙江特点的文化发展之路。

文化研究工程是浙江文化建设最具标志性的成果之一。随着第一期和第二期文化研究工程的成功实施，产生了一批重点研究项目和重大研究成果，培育了一批具有浙江特色和全国影响的优势学科，打造了一批高水平的学术团队和在全国有影响力的学术名师、学科骨干。2015年结束的第一批浙江文化研究工程共立研究项目811项，出版学术著作千余部。2017年3月启动的第二期浙江文化研究工程，已开展了52个系列研究，立重大课题65项、重点课题284项，出版学术著作1000多部。特别是形成了《宋画全集》等中国历代绘画大系、《共和国命运的抉择与思考——毛泽东在浙江的785个日日夜夜》等领袖与浙江研究系列、《红船逐浪：浙江“站起来”的革命历程与精神传承》等“浙100年”研究系列、《浙江通史》《南宋史研究丛书》等浙江历史专题史研究系列、《良渚文化研究丛书》等浙江史前文化研究系列、《儒学正脉——王守仁传》等浙江历史名人研究系列、《吕祖谦全集》等浙江文献集成系列。可以说，浙江文化研究工程，赓续了浙江悠久深厚的文化血脉，挖掘了浙江深层次的文化基因，提升了浙江的文化软实力，彰显了浙江在海内外的学术影响力，为浙江当代发展提供了坚实的理论支撑和智力支持，为坚定文化自信提供了浙江素材。

当前，浙江已经踏上了实现第二个百年奋斗目标的新征程，正在奋力打造“重要窗口”，争创社会主义现代化先行省，高质量发展建设共同富裕示范区。文化工作在浙江高质量发展建设共同富裕示范区中具有决定性作用，是关键变量；展现共同富裕美好社会的图景，文化是最富魅力、最吸引人、最具辨识度的标识。我们要发挥文化铸魂塑形赋能功能，为高质量发展建设共同富裕示范区注入强大文化力量，特别是要坚持把深化文化研究工程作为打造新时代文化高地的重要抓手，努力使其成为研究阐释习近平新时代中国特色社会主义思想的重要阵地、传承创新浙江优秀传统文化革命文化社会主义先进文化的重要平台、构建中国特色哲学社会科学的重要载体、推广展示浙江文化独特魅力的重要窗口。

新时代浙江文化研究工程将延续“今、古、人、文”主题，重点突出当代发展研究、历史文化研究、“新时代浙学”建构，努力把浙江的历史与未来贯通起来，使浙学品牌更加彰显、浙江文化形象更加鲜明、中国特色哲学社会科学的浙江元素更加丰富。新时代浙江文化研究工程将坚守“红色根脉”，更加注重深入挖掘浙江红色资源，持续深化“习近平新时代中国特色社会主义思想在浙江的探索与实践”课题研究，努力让浙江成为践行创新理论的标杆之地、传播中华文明的思想之窗；擦亮以宋韵文化为代表的浙江历史文化金名片，从思想、制度、经济、社会、百姓生活、文学艺术、建筑、宗教等方面全方位立体化系统性研究阐述宋韵文化，努力让千年宋韵更好地在新时代“流动”起来、“传承”下去；科学解读浙江历史文化的丰富内涵和时代价值，更加注重学术成果的创造性转化，探索拓展浙学成果推广与普及的机制、形式、载体、平台，努力让浙学成果成为有世界影响的东方思想标识；充分动员省内外高水平专家学者参与工程研究，坚持以项目引育高端社科人才，努力打造一支走在全国前列的哲学社会科学领军人才队伍；系统推进文化研究数智创新，努力提升社科研究的科学化水平，提供更多高质量文化成果供给。

伟大的时代，需要伟大作品、伟大精神、伟大力量。期待新时代浙江文化研究工程有更多的优秀成果问世，以浙江文化之窗更好地展现中华文化的生命力、影响力、凝聚力、创造力，为忠实践行“八八战略”、奋力打造“重要窗口”，争创社会主义现代化先行省，高质量发展建设共同富裕示范区，提供强大思想保证、舆论支持、精神动力和文化条件。

目 录

导 论

2021年8月31日召开的浙江省委文化工作会议指出，宋韵文化作为中华优秀传统文化的重要组成部分，是具有中国气派和浙江辨识度的重要文化标识。要做足特色、放大优势，传承好浙江优秀传统文化的精神内核，特别是要实施“宋韵文化传世工程”，形成宋韵文化挖掘、保护、提升、研究、传承的工作体系，高水平推进创造性转化、创新性发展，让千年宋韵在新时代“流动”起来、“传承”下去。《中共浙江省委关于加快推进新时代文化浙江工程的意见》要求实施“宋韵文化传世工程”，系统开展宋韵文化研究传承和南宋文化品牌塑造，从思想、制度、经济、社会、百姓生活、文学艺术、建筑、宗教等方面，展示多元包容、百工竞巧、追求卓越、风雅精致的宋韵文化气象。

清晰界定宋韵文化的概念内涵、深入研究宋韵文化的基本形态、准确阐释宋韵文化的精神实质、发掘提炼宋韵文化的当代价值，是实施“宋韵文化传世工程”的重要前提和基础性工作。

一、宋韵文化的概念界定

关于宋韵文化的内涵和概念界定，目前研究或言辞中，有的取

“韵”字之“意味”“风味”“趣味”之偏于物质感受之义，诸如焚香、斗茶、插花之类，从生活美学层面玩赏品味宋人生活之精致；有的取“韵”字之“情韵”“气韵”“神韵”之偏于艺术感受之义，诸如诗词、书画、琴棋之类，从艺术审美层面感叹体会宋人艺文之风雅。

生活与艺术是宋韵文化不可或缺的组成部分，宋人的生活美学和艺术风雅，也赋予宋韵文化独特气质。但若只在此层面上理解宋韵文化，则不免流于表面，未及本质，尤其与“从思想、制度、经济、社会、百姓生活、文学艺术、建筑、宗教等方面，展示多元包容、百工竞巧、追求卓越、风雅精致的宋韵文化气象”之“宋韵文化传世工程”的目标取向不相符合。

宋韵文化绝不等同于包罗万象、良莠并存的两宋文化。我们理解的宋韵文化，特指两宋文化中优秀的文明元素、内在精神和传延至今的文化价值。大致可以包括，日常生活领域的物质之韵，生产技术领域的匠心之韵，社会运行领域的秩序之韵，发现发明领域的智识之韵，学术思想领域的思辨之韵，文学艺术领域的审美之韵等。林林总总，凡此等等，呈现为思想、制度、经济、社会、百姓生活、文学、艺术、建筑、宗教、科技等多种形态。其根深脉远、形态繁复、结构复杂，地理网络庞大、历史逻辑井然，沛然生长，蔚然成风，以其具有文化创造价值和历史进步意义的文明成就，汇聚成两宋文化精华之所在，凝聚为一个时代的独特气质和风尚，淬炼出灼灼光华，闪烁于中国古代文明的历史星空。

二、宋韵文化的认识维度

作为中华文明演进过程中的重要历史时期，两宋研究成果丰硕，基础深厚。宋韵文化研究不同于传统史学研究，它既要重视史料的梳理、史实的分析，更需要穿透历史现象、把握时代本质，进而从整体维度彰显其意义和价值。同时，基于为新时代文化浙江建设提供历史资源的现实应用目的，准确解读、清晰表达是有效转化和传播的前提。因此，秉持实事求是、理性客观的认识态度，采用全面、整体的认识视角，运用理性、比较的认识方法，谋求历史逻辑、理论逻辑和现实逻辑的统一，达至深入浅出、简明可读的效果，是我们开展宋韵文化研究的原则。

（一）秉持实事求是、理性客观的认识态度

两宋文化包罗万象，良莠相间，十分庞杂，不能像对待一般性质简单、价值明晰的单一资源那样简单处理。认识理解宋韵文化，需要秉持实事求是、理性客观的认识态度，细致追寻被时间遮蔽的历史本相，揭示表象之下内在而隐秘的深层关联，只有抓住其中的关键要素和基本精神，找到其形成、维系和演进的根本动力，才能以高屋建瓴、纲举目张之势，透过现象看本质，准确把握一个时代的历史底盘，提升宋韵文化的基调和品质。

▶〔明〕王夫之《宋论·孝宗》

例如，有文章认为，宋代朝廷“崇文抑武”的基本国策、“与士大夫共天下”的文官制度，使得宋代文人有极高的政治和生活待遇，两宋因之成为文人们“最好的时代”。两宋确实有北宋宋仁宗时期的“嘉祐之治”，涌现出苏轼、苏辙、曾巩、程颢、张载等文化名人；

南宋宋孝宗时期相对宽松的政治文化生态，产生朱熹、陆九渊、吕祖谦、陈亮、叶适等学术名家群体。然而也不乏乌台诗案、元祐党案、元祐学禁、庆元党禁等严酷文禁，蔡京、秦桧、韩侂胄、史弥远、贾似道等权相专权朝政，以致士气低落，“其士大夫，则口虽竞而心疲，心虽愤而气茶；不肖者耽一日之娱嬉，贤者惜生平之进止；苟求无过，即自矜君子之徒，谈及封疆，且视为前生之梦”。

◀〔明〕王夫之《宋论·孝宗》

再如，有文章以宋吴自牧《梦粱录》中“烧香点茶，挂画插花，四般闲事，不宜累家”的记载为据，将香、茶、画、花视为宋人生活中的风雅之韵。通观两宋香事，在焚香雅事之外，还有其他种种现象。就其不利因素而言，例如香料流通过程不产生价值，朝廷通过对香料实行博买、禁榷，抬高国内香料价格，坐收其利，实际上是对国民财富的变相掠夺；朝廷发行香药钞，用以购买粮食和草料，如果老百姓不接受，就强行“抑配”；以香料的奢靡消费刺激经济，但是生活的奢侈破坏了经济的健康发展；宋朝使用出口丝绸、瓷器等赚得的财富大量购买作为奢侈品的香料，在某种程度上虚耗了国力。因此，唯有全面了解，客观分析，理性评价，方能得香事之全貌，见社会之实情。

尤其需要注意的是，南宋建都杭州，杭州以至浙江人的地域情结可以理解，传承弘扬的责任必须担当，区域性研究值得重视。然而，正因如此，我们更要提高站位，开放胸襟，放眼遍及杭州、浙江、江南、全国的两宋地域范围，全面梳理两宋的时代处境、社会现象和历史地位，构筑系统全面的宋韵文化研究基础。

（二）采用全面、整体的认识视角

省委文化工作会议要求，“‘跳出南宋看南宋、跳出浙江看南宋'，从思想、制度、经济、社会、百姓生活、文学艺术、建筑、宗教等方面全面立体研究阐述宋韵文化，准确把握其文化精髓、历史意义和时代价值，组织提炼'宋韵'的核心特征"，为宋韵文化研究树立了指导原则。在宋韵文化研究中，应坚持全面梳理、全方位观照历史资源的原则，将两宋所在的10—13世纪社会，置于中华文明演进的历史过程中，加以整体认识。

1. 以全地域的视角"跳出杭州、浙江看宋韵文化"

宋韵文化须以包括两宋的"宋时代"为其基本载体。两宋不同区域的地方发展，各地之间的交流、渗透、牵制，地方力量与中央政权的互动，形成发展合力，推动社会发展，塑造时代特征。

例如，南宋建都杭州，立足浙江，辐射江南，统治整个南方地区，既是政权的南迁，也是中原文化的南移，带动南北文化融会整合。再如，两宋海外贸易发达，由北宋而至南宋，贸易地区不断扩展。除浙江的杭州、明州（今宁波市）、澉浦（今海盐县）外，福州、泉州、广州、华亭（今上海松江区）、青龙镇（今上海青浦区）、江阴等地，都是重要的开放港口。对此若不作全面梳理、整体研究，其时的海外贸易、中外交流以及由此带来的开放包容、海洋文明要素等宋韵文化重要特质，必然难以得到准确揭示。

2. 以全领域的视角"跳出文学艺术看宋韵文化"

在目前已经开展的一些有关宋韵文化的研究中，因局限于对"韵"字的狭义理解，不乏以琴棋书画诗词茶等艺术活动作为宋韵文化之"韵"，赋予其风雅特性，加以推崇传承。

文学艺术活动是宋韵文化的重要组成部分，艺术之雅也确实是宋韵文化的灵性所在，但不是宋韵文化的全部。片面突出或一味沉湎于此，不仅不利于全面深刻把握宋韵文化、传承精神实质，还有可能导致狭隘化、肤浅化、碎片化、娱乐化地理解宋韵文化。

即便就艺论艺，文学艺术也不是脱离社会的独立存在。在其以情节、故事、线条、色彩等艺术手段和形式呈现的表象之下，蕴含有深切的时代关怀、深刻的社会思考和深沉的思想结晶。即使是被视为最具“风雅”特色的南宋诗词书画，也饱含江山社稷、家国一统、文明延续等严肃主题，更因南宋的时代风云而愈显沉重。例如诗词中，从李清照的“生当作人杰，死亦为鬼雄。至今思项羽，不肯过江东”，到陆游的“死去元知万事空，但悲不见九州同”、辛弃疾的“夜半狂歌悲风起，听铮铮、阵马檐间铁，南共北，正分裂”，直至宋末文天祥被俘时的“山河破碎风飘絮，身世浮沉雨打萍”“人生自古谁无死，留取丹心照汗青”，无不体现出强烈的爱国主义精神和维护国家统一的意志。这一情感在南宋绘画中也有充分体现。李唐画成《晋文公复国》《胡笳十八拍》《采薇》等图，借重耳、蔡文姬、伯夷、叔齐等历史人物，昭示复国、气节等主题。刘松年《中兴四将图》描绘韩世忠、岳飞等形象，表彰他们“自王公大人下至牛童马走妾妇稗官之口无不称道其武勇忠义君子”之功德。画家郑思肖于南宋末年画墨兰图，花叶萧疏而无根土，以寓南宋失去国土根基，并写下“纵使圣明过尧舜，毕竟不是真父母。千语万语只一语，还我大宋旧疆土”以示不屈。在在如是，不胜枚举，万般思虑集于国恨家仇，悲愤沉郁，壮怀激烈，表达了画家们对家国时局的关切之情。小情小调的吟咏难以取代深重严肃的历史喟叹，只将风花雪月视为宋韵文化的片面认知，不仅予人“不知亡国恨”之感，也是对客观历史的轻慢不敬。

两宋文学艺术不仅有文人的闲情雅趣，更有广阔的生活世界和人生万象，是社会生活的真实反映。以南宋绘画为例，许多画家都创作过耕织图、牧牛图、货郎图、卖浆图、沽酒图、婴戏图，反映民间百姓生活，实现了艺术的社会功能。

宋韵文化是有宋一代经济社会发展成果的精华集萃。历史展开的过程、时代景象的形成，无不存在于错综复杂的关系之中。宋韵文化中的每一种文化现象，都孕育产生于两宋经济社会这个母体，互相之间都有千丝万缕的内在联系。因此，研究宋韵文化，必须深入两宋经济、政治、社会、思想、教育、科技、文学、艺术等各个领域，深入官方文化、精英文化、大众文化等不同层面，方能窥得全貌，揭示出表象背后的深刻本质。

3. 以铸牢中华民族共同体意识的视角“跳出两宋统治地域看宋韵文化”

宋韵文化不仅产生于两宋王朝统治地域，也密切相关于两宋所在的10—13世纪的中国。

从唐朝灭亡至元朝统一（10—13世纪），中国历史的主线有三条：一是北部、东北部地区的游牧、渔猎民族势力崛起，辽、金政权是游牧渔猎文明与农耕文明的交融，在很大程度上也是唐代以来边疆社会历史的延续和转型；二是两宋王朝的建立；三是西北部党项（西夏）势力崛起，并整合吐蕃、回鹘等政治力量。西夏是西域与中原之间的经济文化枢纽，作为中华文明的一部分，由于特殊的地理位置，其自身也融合了吐蕃、西域、中亚的文明元素。“宋以后中国的历史，汉族在中国文化的传承和创造中占主导地位，少数民族政权则在疆土和疆界形成过程中（包括推动中原与边疆的一体化进程）占主导地位。”

▶［美］贾志扬《宋代与东亚的多国体系及贸易世界》

▶李华瑞《走出“唐宋变革论”》

这是一个十分重要却易被忽视的角度。“多民族是我国的一大特色，也是我国发展的一大有利因素。在我国五千多年文明发展史上，曾经有许多民族登上过历史舞台。这些民族经过诞育、分化、交融，最终形成了今天的五十六个民族。各民族共同开发了祖国的锦绣河山、广袤疆域，共同创造了悠久的中国历史、灿烂的中华文化。”纵观中国历史各个时期，对“一个中华”的认同始终一脉相承。具体到两宋时期，宋、辽、夏、金虽有政权与军事上的对抗，但民族间的交往历时长久、融合程度深厚，均秉持华夏一体的文化认同意识。唐末至宋，“如果说中国的分裂时期一直持续到1276年，那么政治上的四分五裂状况无论如何在很多方面，还是被一种共同的中国文明所笼罩。中国的政治分裂中固有的地方主义在某种程度上被其他因素所平衡，这些因素趋于将‘藩’国包容进一个中国人的更大的文化共同体中去”。宋、辽、夏、金共同实现了北部边疆与中原地区的一体化整合，丰富和深化了多元一体格局的内涵，为元、明、清时期统一的多民族国家的最终成熟奠定了基础，也将理念、制度、文教、礼仪、典籍等中华文明的影响力更为广阔和深入地传播至周边地区。

◀习近平总书记2014年9月28日在中央民族工作会议上的讲话

◀[德]傅海波、[英]崔瑞德编《剑桥中国辽西夏金元史(907—1368年)》

宋韵文化内涵、特征和时代特色的形成，离不开甚至完全产生于当时的时代背景，产生于两宋与辽、金、西夏等少数民族政权的频繁联系，产生于由此形成的历史困境和为应对困境而被激发的新思路新空间新努力。如果把10—13世纪两宋时期的中国历史范围严格限定在两宋地域，势必难以完整呈现多民族共生的中国历史进程和中华文明全貌，也就难以做到在整个中国历史演进过程中全面理解宋代特点、准确提炼宋韵文化的丰富内涵。因此，要铸牢中华民族共同体意识，立足中华民族多元一体格局，开展宋韵文化研究。

宋史研究成果丰硕，众多专家对宋代文化也有概括评述。从全面的、整体的认识视角来看，对此同样需要充分考量专家论述的言谈语境、论述背景、具体所指，避免孤立割裂地以一词一句为论述依据的做法。著名宋史专家邓广铭先生认为："宋代的文化，在中国封建社会历史时期之内，截至明清之际的西学东渐的时期为止，可以说，它是已经达到了登峰造极的高度的。"这是一个客观的论断，可以为我们认识宋韵文化带来认识视角上的启迪。

▶邓广铭《〈北宋文化史述论稿〉序引》

（三）运用理性、比较的认识方法

在一定区域范围内对一个时代的文化传统开展研究，有利于在一个相对稳定的框架内全方位、有序地展开系统化的研究活动。然而，时间和地理空间的界限，也很容易带来重自我而轻他者的视野局限，产生囿于时空制约的"自我中心主义"。罔顾历史过程的断代思维、忽视整体观照的区域研究、缺乏共性价值追求的碎片式雕琢，都有可能在学术视野的开阔性、学理研究的深刻性和人文价值的普遍性上有所缺憾。

因此，需要站位高远、襟怀宏阔，将宋韵文化研究置于中华文化整体格局中，置于与其他历史时期、其他区域的比较中，以心怀中华乃至世界文明大局、立足本我特质、比较他者异同、探求普遍意义为基础，研究其自在本性、与他者的差异性、与中华文明的关联性，并于此综合形态之中，探索其价值所在。

1.以长时段的纵向比较"跳出两宋时期看宋韵文化"

研究宋韵文化，一方面要以两宋为基本范围，另一方面，还要重视将两宋置于与古代中国各个历史时期的比较中，以长时段的历史眼光阐释评价其特色和成就，在与不同时期的比较中，研探宋韵文化的历史来路、文化传承、基本特征、历史影响，准确提炼其中具有历史进步意义的优秀元素。

总体上看，宋韵文化是对前代文化的传承和发展，体现的是中华文明演进过程中的阶段性历史高峰。因此，要通过历史比较充分彰显宋韵文化的历史地位及影响，同时也要避免以点带面地将宋代某一时期的繁荣视为两宋全貌、以偏概全地将北宋（或南宋）成就推延移植于南宋（或北宋），尤其不宜以孤立割裂视野妄言特色，须谨慎使用“最高”“不可超越”等言辞。

例如，深受赞誉的精工、典丽、雅致的宋代花鸟画，就传承自五代成就斐然的工笔重彩花鸟画传统。宋画虽有其高超艺术成就，但其后元画的文人气韵、清画以笔墨程式的集大成而成就画学理论规范，以及近代中外艺术交流带来的画艺新风，都同样各有特色而具历史成就。

2.以同时期不同区域的横向比较“跳出中国看宋韵文化”

要将两宋置于10—13世纪东亚以至世界不同文化圈内，就其文明要素作区域性的横向比较，辨析其区域特质、民族特色、文化特征以及对外传播，揭示宋韵文化的国际影响力和在彼时世界文明格局中的地位。

例如，南宋以法常、若芬等为代表，以杭州西湖周边寺庙为创作中心的水墨减笔花鸟画，笔墨简淡、禅意深切，有“禅画”之称。法常和当时日本派来中国学佛法的圣一国师是同门，圣一回国时带去法常的《观音图》《猿》《鹤》，这些作品至今仍珍藏在东京大德寺，被称为“国宝”。法常被评为“日本画道的大恩人”，其画风对日本产生重大影响。

再如，从11世纪中期起，随着以青瓷为主的精致宋瓷大量输出海外，波斯陶器中原本的绚丽色彩和珍异花纹被单色特别是青瓷色彩所代替，器形也设计成中国式样的碗、盘、瓶、罐。瓷器的倾销和仿制，在当地社会中引发中国热。13世纪时，埃及和非洲东部沿海各地常用中国瓷器作为礼品，在富豪们的客厅的壁龛中，常常镶嵌着中国瓷盘、瓷碟、瓷碗等——它们成为最时髦和华贵的装饰图案。在“海上丝绸之路”向东西方世界伸展的历史进程中，青瓷自始至终以主角的形象出现，在世界贸易和文化交流的舞台上大显身手，功绩非凡。

（四）坚持立足浙江、服务当下、推动发展的实践原则

我们提倡在认识研究宋韵文化中“跳出两宋”“跳出浙江”，是为更全面、更系统、更立体地研究宋韵文化的内涵特征、历史地位、精神标识；更科学、更准确、更深刻地提炼其中蕴含的跨越时空、超越国度、富有永恒魅力、具有当代价值的文化基因和文化精神，坚持创造性转化创新性发展原则，为新时代文化浙江建设提供切实可用的历史文化资源，有效对接当代浙江经济社会发展的需求。

因此，认识研究宋韵文化，尤其需要带着“跳出去”之后获得的高远站位、广阔视野、深刻认识和丰富成果，更加坚定地立足浙江，清晰认识浙江在宋韵文化创造中的积极贡献、历史地位，准确提炼宋韵文化中的浙江元素、浙江特色，积极探索传承弘扬宋韵文化与推进发展现实文化的有机统一，做足特色、放大优势，使宋韵文化真正成为新时代文化浙江建设的金名片，成为具有中国气派和浙江辨识度的重要文化标识。

三、宋韵文化的精神实质

从当代传承的现实诉求出发，研究提炼宋韵文化的精神实质，

当是首要之举。在前述种种纷繁多元的斑斓韵致中，体现宋代文化内在品质和时代特质的精神谱系，是构成宋韵文化最为本质的神韵所在。

（一）基于华夏认同的民族精神

中华民族具有“民族和睦、四海一家”的民族精神。数千年来，国家统一是中国历史的主流大势，是中华民族共同利益的根本保证，也是各族人民的共同愿望。今天来看，在辽、宋、夏、金多政权分庭抗礼时期，诸政权都未脱离华夏认同这一政治和文化前提，均以华夏正统地位自居。诸政权之间的“战”与“和”，都是在华夏一统、华夏正统的语境中展开的内聚性运动。作为中国历史上最后一个多政权长期并立的历史时段，辽、宋、夏、金时期也是中华民族多元一体格局发展的重要阶段，其中蕴含的“大一统”趋势进一步增强，为统一多民族国家走向进一步成熟奠定了文化、政治、社会和民族基础，最终迎来了元、明、清三代的统一局面。

◀高福顺《辽宋夏金时期内聚性不断增强》

（二）基于家国情怀的爱国精神

“爱国主义精神是凝聚中华民族反抗外来侵略的伟大旗帜。爱国主义作为一种内心信念，始终激励人们把祖国的兴亡与自身联结在一起，每当发生对祖国的侵害行为时，就会表现出坚强卫国的精神，表达出激昂深沉的爱国情怀。”历史地看，面对外来武力威胁，不同于宋徽宗、宋高宗等人丧权辱国的政策和行为，社会和民众表现出强烈的捍卫主权、维护统一的爱国主义精神。

◀陈来《论中华民族爱国主义的精神》

两宋时期，爱国主义还大量地表现为忧国忧民、关切内政的责任意识。以南宋时期为例，不仅面临外部军事压力，朝廷内部也存在权相专政、积弊深重等问题。自理宗始，帝王或智能低下，或昏庸无能。“13世纪中国南方之安定繁荣的印象只不过是幻想。在此幻想背后的，却是国库之连年悲剧性的空虚，农村之贫困和不满，以及统治阶层内部的党争。”以陆游、辛弃疾、文天祥等为代表的士大夫，不断提出改革内务弊政、惩治贪官污吏、奖励农桑实业、治理地方混乱等匡时救世主张，其爱国精神中包含着理性批判的维度，不仅是对帝王、皇朝的尽忠，更是对社会民众和国家利益的捍卫。

▶［法］谢和耐《蒙元入侵前夜的中国日常生活》

两宋爱国志士的爱国精神，体现了中华儿女应有的传统美德和崇高品质，既是对国家的关怀与忠诚，对人民生存境况的体恤与同情，也展示了为道义、为理想而大义担当、勇于奉献、敢于牺牲的个人品质和凛然气节。不同的历史时代和文化背景下所产生的爱国主义，有不同的具体表现。我们要以历史唯物主义态度，将两宋的爱国精神放到历史发展的过程中，依据当时的具体条件进行分析评价，尊重历史，不苛求古人，既要看到这些人物、情感、思想和行为的某些历史局限性，更要充分肯定他们崇高的利他境界和优秀的素养品质。

（三）基于海外交往的开放精神

两宋时期，经济重心持续南移，海上丝绸之路成为对外交流主要通道，规模化海上贸易繁荣，海外交往日益密切，孕育了具有引领社会发展方向的开放精神。

对外而言，宋代登上了世界经济舞台并在其中扮演重要角色。在13世纪的欧亚世界远距离贸易体系中，“最主要的发动机就是宋代中国，因为中国既是陶瓷等大宗热销商品的出口者，也是东南亚和南亚生产的燃香、香料的主要消费者”。在贸易格局上，两宋融入世界贸易体系，与日本、朝鲜之间进入自由贸易时代，东北亚第一

▶［美］贾志扬《宋代与东亚的多国体系及贸易世界》

次被深度整合到国际贸易网络之中。“900年到1300年这段时间标志着的东南亚第一个伟大商业时代，是一项由宋代‘商业革命’引起的发展。”

◀[美]贾志扬《宋代与东亚的多国体系及贸易世界》

随着海外贸易的持续发展，在向外部世界不断拓展的同时，两宋内部世界也随之发生变革，开放精神蔚然成风。在经济发展上，拓展出外向型开放经济，形成国内市场与海外市场紧密相连的开放性市场，两宋开始由内陆型国家向海陆型国家转变。在社会结构上，商人阶层和手工业群体开始壮大，城市人口明显增长，城市空间和市民阶层兴起，社会形态中的平民化、世俗化元素大量涌现。在文化生活上，思想观念进一步开放，身份背景相对淡化，“人”的价值得到关注，市民文化繁盛。

因此，两宋通过海外贸易获得经济利益的历史，也是开放精神形成并产生巨大历史推进作用的过程。

（四）基于多元包容的创造精神

两宋文化成就的取得，与其经济社会发展以及总体上相对宽松包容的文化政策关系密切。相比其他历史时期，宋代帝王总体上善待文人。始于宋太祖的文治取向，对经济社会的创新发展起到决定作用。其“偃武修文”政策，与财富增长、书籍传播、教育普及、科举受到民间重视一起，为社会发展和文化创造提供了条件。

这种现象的形成，并非完全出于帝王恩赐，而与几个方面的原因相关。一是唐末五代以来，门阀士族遭到毁灭性打击，旧式的以血缘为纽带的宗族组织随之崩溃。二是宋王朝深恐唐末五代以来骄兵悍将颠覆政权的覆辙重演，故压制武备而积极争取士阶层的支持与合作。三是北宋王朝自建立以来，面临如何消除各地割据势力、抵御北方强敌侵袭、禁制朝内结党营私等重重内忧外患，实无余力对文化事业实行专制主义。因此，对思想、学术、文学、艺术领域的各个流派，一概采取“全然由客观环境关系而被动施行的在文化上的兼容并包政策”。

▶邓广铭《〈北宋文化史述论稿〉序引》

然而，从客观可见的社会发展、文化创造效果来看，这种多元包容的政策环境和社会氛围，对当时社会的思想解放和文化创新，起到很好的保护、促进作用，为创造精神及其作用发挥，提供了丰厚的时代沃土。

（五）基于探索求真的科学精神

科学精神及科技成就，是文明进步的重要推动力。纵观世界各大文明演进历程，特别在其关键节点，先进的科技生产力都是耀眼的文明之光。阿拉伯帝国得以扩张的一个关键因素，在于他们发明了星盘、象限仪、三角形船帆，用于天文导航、横渡大洋。在欧洲文艺复兴的发生原因和取得的成就中，都同时指向“科技”因素。意大利于1300年发明凸面玻璃镜，极大地影响了个人的自我认同，成为新个人主义兴起的重要因素；时钟的精确度和有效性帮助人们完善计划、提高生产力；1440年前后的活字印刷机，将知识传播给人民大众；15世纪末，欧洲水手依靠磁罗盘寻找未知的远方大陆，探寻关于世界地理的知识。科技的进步和知识的传播，对欧洲文明走向世界、塑造世界现代文明格局，起到至关重要的作用。

▶［西班牙］胡里奥·克雷斯波·麦克伦南《欧洲：欧洲文明如何塑造现代世界》

与此具有可比性的是，今天备受推崇的两宋文明高峰的出现，火药、指南针、印刷术、天文历法、农业科技、丝瓷工艺、航海技术等众多领域的科技成就功不可没。

（六）基于社会关切的人文精神

两宋时期，农业和商品经济的发展、世族的消解、抑制武备和右文政策的实施、科举制度的完善，催生庞大士人群体，其经济与社会地位提升，自我意识觉醒。他们秉持儒家修齐治平理念，不避权威，学必求新，使宋学得以繁荣，价值观念发生深刻变化，“蔚为具有鲜明时代特征的怀疑精神和独立创造精神”。同时，宋代面临的内忧外患，也使得士人群体深怀关心国家命运与前途、先天下之忧而忧的忧患意识。凡此种种，使得士人群体成为推动社会发展的重要力量。

◀陈植锷《北宋文化史述论》

宋学及其代表人物不同于前辈学者的一个重要方面，在于注重思想世俗化、生活化，并求儒学易于适应社会、参与社会改造。例如，在南宋孝宗朝时相对宽松的政治文化生态下，程朱理学、心学、浙东事功学派并起，朱熹、陆九渊和浙东学派叶适、陈亮等引领的宋学，迎来新的发展时期。他们既不囿于狭隘的学术专业，也不陷入日常衙门事务，而是立志“为生民立命”“为万世开太平”，抱持关心国家治理、社会福利、道德教化、民众教育、基层秩序等的广泛兴趣，希望通过教化传播儒家学说，并积极投身于此。通过编修宗谱，订立家礼、乡约、族规等方式，将儒家的思想与规则传播到民间社会，形塑民间交往与宗族生活的规则。

“宋儒对家庭、宗族秩序的观念和原则，对后世家族秩序的建立产生了深远的影响，如沿用数百年的《文公家礼》就由朱熹亲手编定，又如《吕氏乡约》则由张载的学生吕大钧所编。江西金溪陆九渊家族每天清晨都有子弟唱歌，提醒族人‘劳我以生天理定’‘营太甚违天命’等儒家的伦理观念。这些渗透着儒学原则的制度性规定，日渐成为民众的生活规范与常识，这正是儒学世俗化和社会化的重要表现。”

◀包伟民、吴铮强《宋朝简史》

宋代士人群体的努力及其取得的成就，使得儒家思想切实渗透进社会民众的日常生活之中，成为构建基层社会秩序和日常生活规范的重要思想资源。同时，他们下沉乡村，致力于与国家政权相疏离的乡村社会秩序的重建，使地方自治力量得以成长，也有效加强了基层社会的凝聚力与稳定性。这就是后人所谓的宋儒精神，或宋代士人群体的政治文化，以其社会关切、人文关怀，成为宋韵文化的重要精神特质。

四、宋韵文化的当代价值

研究、转化、传播宋韵文化的目的，在于以更高远的历史站位、更长程的观察视野、更深刻的理性求索、更宏阔的思想格局、更开放的文化气度，全面认识、准确把握宋韵文化的特质、精神、价值和资源，为新时代文化浙江建设提供来自历史的视角和启迪，让千年宋韵在新时代“流动”起来、“传承”下去。

（一）强化华夏文化认同，维护民族团结和国家统一，弘扬爱国主义精神

2015年9月30日，习近平总书记在会见基层民族团结优秀代表时指出：“各民族同胞要手足相亲、守望相助，共同维护民族团结、国家统一。大家要行动起来，一起做交流、培养、融洽感情的工作，努力创造各族群众共居、共学、共事、共乐的社会条件，增强各族群众对伟大祖国、中华民族、中华文化、中国共产党、中国特色社会主义的认同，向着伟大理想去奋斗。”我们今天传承宋韵文化，就是要继承先人们留给我们的中华民族多元一体的丰厚遗产和巨大优

势，弘扬中华民族维护统一、反对分裂的优良传统，铸牢中华民族共同体意识，坚决维护国家统一与社会和谐稳定，坚决反对任何破坏统一和团结的分裂活动，共同创造祖国完全统一、民族伟大复兴的光荣伟业。

（二）培育多元包容、开放进取的文化心态和世界眼光

两宋时期，承汉唐世界主义精神，以发展经济的理性认知支持对外交流的自发畅通，依托海外贸易建构对外开放网络，融入外部世界，吸取其他文明优秀元素，推进国家、民族、社会、文明发展，取得中华文化繁荣进取格局。我们今天建设社会主义现代化强国，谋取中华民族伟大复兴，必须坚持以改革开放为核心的时代精神，全面把握世界百年未有之大变局和中华民族伟大复兴战略全局两个大局。在面对外部世界时，以多元包容的文化心态面向世界，以泱泱中华的民族自信坚守文化传统，培育世界眼光和格局。面对日益扩大的国际交流、不断深化的文化交往、愈益激烈的意识形态交锋，要开阔胸襟，坚定自信，提高适应应对能力，吸取各种文明优秀元素，加快建立人类命运共同体。在繁荣发展社会主义文化时，面对日益多元的利益格局、观念形态、价值诉求，要坚持弘扬社会主义核心价值观，继承弘扬优秀传统文化，吸收当代社会文化创造中的积极元素，倡导深度思考，激发思想碰撞，以丰盈充沛的文化创造，建设社会主义文化强国，在中华文明发展史上，留下我们这个时代浓墨重彩的印记。

（三）尊重专业知识，树立攀登科学高峰的信心和勇气

以火药、指南针、印刷术为代表的科技创新，是推动宋代社会

发展的重要力量，也是两宋时期令人瞩目和骄傲的文明成果。科学技术是第一生产力，科技实力决定世界政治经济力量对比的变化，科技创新是提高社会生产力和综合国力的战略支撑，决定国家和民族的前途命运。实现中华民族伟大复兴，必须实施创新驱动发展战略，坚持走中国特色自主创新道路。当今世界，科技发展迅猛，国际竞争激烈，风险挑战加剧，我国还有很多“卡脖子”技术有待攻克。我们既要发挥浙江在互联网、数字化、人工智能等科技创新上的优势，也要加强国内外合作交流，在努力掌握关键技术、取得世界一流科技成果、科技成果服务于共同富裕上争创佳绩。

（四）激励人文学者参与社会建设，推动思想文化创新

回溯两宋历史，宋代儒学或称宋学，对两宋的思想塑造、社会发展和文化创新，都作出奠基性、引领性的重要贡献。美国学者狄百瑞（William Theodore de Bary）在评论宋代儒学时，认为它“鄙弃古老形式的儒学——即鄙弃那类其主要性质乃是语言学的和历史学的经典研究；鄙弃百科全书式的博学，即兼容并收而缺乏任何评价的标准；鄙弃没有传达任何道德目的和信息的文章”，是“坚实的”“真实的”或“实用的”学问（实学）。宋代学者注重学术的社会功能和学者的社会关切，积极参加社会改造，并结合社会实践创新学术文化，成为宋韵文化中具有积极意义的重要方面。

▶［美］狄百瑞《东亚文明：五个阶段的对话》

当前中国处于历史上最好的发展时期，世界处于百年未有之大变局，两者同步交织、相互激荡。浙江又被党中央赋予高质量发展建设共同富裕示范区的光荣使命，实际上承担了为全国第二个百年奋斗目标探路的重大使命。正如浙江省委书记袁家军所指出的，“共同富裕既包括物质富裕，也包括精神富有，推进以人为核心的现代

化是其中非常重大的课题，文化工作在高质量发展建设共同富裕示范区中起决定性作用，是关键变量”。目前政府主导推进农村文化礼堂、城市未来社区等建设，民间社会自发形成国学热潮、公益活动、慈善事业、公共艺术活动，在丰富公众精神、构建生活规则、塑造公共秩序、再造文化空间取得良好成效等方面，都是关于现代化国家建设的文化活动，也是专家学者获取学术文化创新的广阔空间。深入民间社会，参与生活实践，与时代同行，发时代先声，为时代解困，从经济、政治、社会、生态、科技、市场等方面全方位构建思想体系，塑造价值理念，是浙江学者必须承担的社会建设和文化创造责任，也是构建中国特色哲学社会科学的必然路径。

（五）激发随遇创生、与时俱进的意识和作为

两宋时期特殊的时代境遇，带来巨大的发展困境，也激发出异于常态的创造力。例如，世族消解和对武备力量的防范与压制，催生了对士人阶层的重视；内外交困的局势，催生了宽松的文化政策；吸取唐代州县体制财政动员能力不足之教训，催生了设置转运司等路一级官僚组织的制度创新；北方少数民族政权的陆路围困，催生了南方海路交通、海上贸易和西南地区的开发，耕作、水利、丝绸、陶瓷、造船、航海等技术的进一步研制开发以及工商文明的快速生长，使得江南生产力得到大解放，完成了经济重心的南移。由此可见，客观环境不是发展的决定性因素，任何时局与形势都有其两面甚至多面性。看似不利的制约条件中，孕育有推动发展的新元素、新条件、新机制和新空间。站稳历史方位，立足客观条件，抓住发展机遇，发挥危中见机、穷则思变的主观能动性，审时度势，因势利导，乘势而上，正是中华民族不屈不挠、拼搏奋进的民族性

格、民族精神和创造能力的体现。

（六）强化新时代文化浙江工程的传统底蕴和建设品质

在宋韵文化的形成过程中，浙江贡献突出，也获益匪浅。浙江山水清丽、民性灵慧、物产丰富、经济富裕、人文璀璨，为宋韵文化输送了民生、社会、思想、科技、文学、艺术等发展的丰富养料。南宋建都杭州，为浙江带来古代历史中的特殊时期。皇帝驻跸，皇城建立，皇亲国戚遍布境域，皇家礼仪深入民心。就是西湖，也"自六蜚驻跸，日益繁艳"，再也不是一方空灵宁静的自然山水。在这样一个"皇"字的笼罩之下，生活与风尚，便自不同凡响，政治的内涵和历史的况味都变得深刻而又意味深长，文学艺术和审美趣味得到相应发展，生活品质得以提升。虽然这个时期的浙江成就在很大程度上是全国性的，但它们毕竟产生于浙江的土地，我们可以从中看到浙江所起的作用和得到的惠泽。公平地说，浙江是受益的一方。直到今天，在浙江的生活中仍然可以感受到南宋王朝的遗风流韵。

由此愈加可见，浙江与宋韵文化关系紧密，不仅是宋韵文化形成过程中的积极参与者、重要贡献者，更是宋韵文化的集大成区域。宋韵文化中的浙江元素，是浙江人民清晰可寻的创造业绩，真实可见的历史奉献，亲切可依的情感寄托，鲜明可辨的文化标识，丰沛可用的文化资源。因此，我们完全有基础、有条件、有责任、有能力实施"宋韵文化传世工程"，通过有效构建宋韵文化挖掘、保护、提升、研究、传承工作体系，创造性转化创新性发展宋韵文化，让千年宋韵在新时代"流动"起来、"传承"下去，为新时代文化浙江建设注入历史智慧和人文韵味。

阅读链接：

陈振：《宋史》，上海人民出版社2020年版

包伟民、吴铮强：《宋朝简史》，浙江人民出版社2020年版

邓小南、杨立华、王连起等：《宋：风雅美学的十个侧面》，生活·读书·新知三联书店2021年版

杨渭生等：《两宋文化史》，浙江大学出版社2008年版

陈植锷：《北宋文化史述论》，中华书局2019年版

何忠礼：《南宋全史》，上海古籍出版社2011年版

虞云国：《南宋行暮：宋光宗宋宁宗时代》，上海人民出版社2018年版

虞云国：《南渡君臣：宋高宗及其时代》，上海人民出版社2019年版

余辉：《隐忧与曲谏：〈清明上河图〉解码录》，北京大学出版社2015年版

［美］狄百瑞著，何兆武、何冰译：《东亚文明：五个阶段的对话》，江苏人民出版社2012年版

［美］刘子健著，赵冬梅译：《中国转向内在：两宋之际的文化转向》，江苏人民出版社2012年版

［美］韩森著，刘云军译：《公元1000年：全球化的开端》，北京日报出版社2021年版

［法］谢和耐著，刘东译：《蒙元入侵前夜的中国日常生活》，北京大学出版社2020年版

第一章　理一分殊的思想体系

宋代理学，是继先秦子学、两汉经学、魏晋玄学、隋唐佛学之后，酝酿于10世纪、崛起于11世纪、鼎盛于12—13世纪的一座中华传统思想学术高峰。理学作为宋韵文化的重要思想内涵，是儒学发展到宋代以后所形成的一种思辨性、重义理的学术形态，抑或说是宋代哲学的主流存在样态。由于这一学术形态在长期的发展演变过程中形成了不同的思想派系，因时代与立场的不同，对其也有“宋学”“道学”“新儒学”（为方便表述，三种提法在本文姑且通用）等不同的称谓。

宋代理学家通过对儒家经典的阐释而有义理、性理、心性之学，也是以儒学为主，“援道入儒”“援佛入儒”、三教会通融合的思想体系。依照理学家所关注的哲学本体论范畴，后世学者对宋代理学群体作出理学（“二程”、朱熹主张“性即理”“所谓理，性是也”）、心学（陆九渊认为“心即理”）、气学（张载以“太虚之气”为“万物之源”）、数学（邵雍以为“神生数，数生象，象生器”）等形态的析分。理学、心学、气学、数学等新儒学诸形态在宋代的展开，也显示出理学发展的内在逻辑。

宋代理学也是一种地域儒学、地域学术（“地方性知识”）的综合体，依照“理一分殊”“一本万殊”的解读方式，基于一个“圣人之学”、一个“理”、一个“道”，进而析分出濂、洛、关、闽、浙、蜀、朔、湖湘、江西等诸学。同时，基于学统、学脉、师统而有不同学派的传承，进而构成了超越地域与时空的二程学派、朱子学派、象山学派、湖湘学派、浙东学派等。

今天，阐释、解读宋代理学的基本特征、历史地位和当代价值，可以帮助我们更好地理解宋韵文化的其他表现形态，这也是推进宋韵文化传承发展的基础性学术研究工作。

一、基本特征

宋代儒学家尽管学派林立，但“百虑一致”“殊途同归”，均以诠释儒家经典的范式为源于先秦的儒家思想提供宇宙论、本体论、工夫论的合理论证，并以儒家圣人为理想人格，进而以实现圣人的精神境界（诸如“孔颜乐处”）为人生的终极目标，还以“存天理，灭人欲”为道德实践的基本原则。借此，宋代理学在产生、发展和演变的过程中呈现出了批判创新、三教融通，体系恢宏、学派纷呈，文教发达、辩论自由，通经明理、经世致用，“浙学”崛起、鼎足而三等五个方面的基本特征。

（一）批判创新、三教融通

理学的产生有其深刻的文化背景和学术渊源。它直接导源于宋初儒学家群体勇于疑经、批判佛老的儒学复兴运动。

宋学反对汉唐经学恪守家法的章句训诂，主张从义理出发直接解释经典，“以异于注疏为学”，并自成新说。易言之，范仲淹、胡瑗、孙复、石介、欧阳修、李觏等北宋中前期儒学家（以宋仁宗庆历年间为主）勇于对传统经典的作者、形成时代、传承历史等提出颠覆汉唐经学的全新观点。这种“疑传”“疑经”风气大大推动了传统学术思想形态的演变。比如，范仲淹不满《春秋》“三传”，对汉唐注疏亦多否定；欧阳修怀疑《易传》作者而著《易童子问》，以“得其大者可以兼其小”为范式来解读《周易》，与他在《诗经》研究中坚持的“得其本而通其末”的方法异曲同工，共同构成了“尚俭反繁”的经学学风；胡瑗著《周易口义》以取代王弼注、孔颖达疏，撰《洪范正义》以批判伪孔《传》；孙复反对《春秋》“三传”而作《春秋尊王发微》，进而号召天下鸿儒硕老重注“六经”。

理学在宋代的发生，还与来自佛老超越追求的压力，始终存在着分不开、割不断的联系。吕思勉《理学纲要·理学之原》云：“理学者，佛学之反动，而亦兼采佛学之长，以调和中国之旧哲学与佛学者也。”先是，唐代实行三教并存的文化政策，儒、释、道三教独立发展。面对佛教和道教的发展，儒学（儒教）受到了很大的挑战。唐中叶以后，韩愈、李翱、柳宗元等率先复兴儒学。韩愈批判佛教，提出以“仁、义”为儒学之“道”，以尧、舜、禹、汤、文、武、周公、孔、孟为儒家的传授谱系，自己还以继“道统”自任，而开儒学讲“道统”之先河。柳宗元以“阴阳元气”为“天道”，以“仁、义”为“人道”，由此建构了一个以“道”为核心范畴的合天地宇宙自然、社会伦理纲常一体化的理论体系，实开“理学”之端绪。而韩愈、柳宗元等人企图建立一个能融汇“百家之学”以取代佛、道的理想，经由周敦颐、邵雍、张载和程氏兄弟等为代表的理学家“融通”儒、佛、道三家之学，到南宋的朱子才将“理学”整合为一种较为精致的儒家哲学理论形态。

易言之，也正是在排斥佛老的过程中，理学家们通过“援道入儒”“援佛入儒”的方式，不自觉地促成了会通三教、三教融通的学术局面，进而建构了一个充满思辨色彩的、哲理化的理论框架。梁启超《儒家哲学》就认为：“（宋代）儒家道术，很有光彩，可谓是三教融通时代，也可谓儒学成熟时代。”“宋儒无论那一家，与佛教都有因缘，但表面排斥。宋儒道学，非纯儒学，已非纯佛学，乃儒佛混合后，另创的新学派。”

（二）体系恢宏、学派纷呈

如上所言，传统儒学发展到宋代而演变为理学的新形态。宋代可以说是一个儒家学派百花齐放、百家争鸣的时代。理学体系恢宏，理学家所探讨的主题范围广泛、包罗万象，包括哲学、伦理、政治、教育、身心修养、社会治理、商业准则等；其讨论的哲学范畴则主要有理气、心性、格物、致知、主敬、主静、知行、未发已发、道心人心、天理人欲、天命之性、气质之性等。

宋代理学，学派纷呈。北宋初期的胡瑗、孙复、石介，合称“宋初三先生”，是理学的先驱。他们都是教育家，“学徒数千”，他们的传授，不仅为理学准备了人才，也掀起了复兴儒学的热潮。全祖望《宋元学案》卷首《序录》中有“庆历之际，学统四起”的提法：“齐、鲁则有士建中、刘颜，夹辅泰山（孙复）而兴。浙东则有明州杨、杜五子（杨适、杜醇、楼郁、王致、王说），永嘉之儒志（王开祖）、经行（丁昌期）二子；浙西则有杭之吴存仁，皆与安定（胡瑗）湖学相应。闽中又有章望之、黄晞，亦古灵（陈襄）一辈人也。江楚则有李觏。关中之申（颜）、侯（可）二子，实开横渠（张载）之先。蜀有宇文止止（宇文之邵），实开范正献公（范祖禹）之先。筚路蓝缕，用启山林。”

《宋元学案》对两宋时期著名的儒家学派、学派传承情况进行了系统梳理，主要有：胡瑗的安定学派，孙复的泰山学派，范仲淹的高平学派，王安石的新学学派（亦称荆公学派），司马光的涑水学派（亦称朔学学派、温公学派），苏洵、苏轼、苏辙的蜀学学派，张载的关学学派，二程的洛学学派（含二程后学及道南学派），邵雍的百源学派，周敦颐的濂学学派，朱熹的理学学派（含朱子后学诸派），陆九渊的心学学派（含甬上四先生），胡安国、胡寅、胡宏、张栻的湖湘学派，吕祖谦的金华学派（亦称吕学、婺学），陈亮的永康学派，薛季宣、陈傅良、叶适的永嘉学派等。特别要提到，南宋朱熹是理学的集大成者，后人以“致广大，尽精微，综罗百代”来概括他的学术成就。朱熹著述极丰，他为“四书”（《论语》《孟子》《大学》《中庸》）编著的《四书章句集注》，奠定了与传统“五经”并驾齐驱的经典体系，成为元、明、清三代科举考试的指定教材。

（三）文教发达、辩论自由

宋代文教发达。以学校教育为例，科举制度的调整完善推动了学校教学的普及，中央有官学，地方则有州县学、书院以及乡塾村校。详而言之，京师设有国子监、太学等，开设律学、算学、画学、书学、武学、医学等课程。宋仁宗以后，朝廷还鼓励各州县兴办学校，至宋徽宗时，全国州县学生人数就达十五六万，这种情况在当时世界上是绝无仅有的。除官办学校外，私人讲学授徒亦蔚然成风，其中，书院的兴盛最为引人注目，可谓是“道林三百众，书院一千徒”。

北宋庆历年间，一代名儒胡瑗来浙江湖州授徒讲学，提出“致天下之治者在人才，成天下之才者在教化，教化之所本者在学校”

的至理名言，四方学者云集湖州，为一时之盛。对此，明《万历湖州府志》云："东南文学之盛，实自胡瑗始。"在湖州讲学授徒期间，胡瑗首创析分"经义""治事"二斋的"实学"教学法，是为传统中国教育史上分科教学之先河，人称"湖学"。

南宋理学家大多有很深的书院情结，他们以书院为大本营，研讨学问，创说立派，培养传人，使得"书院"和"理学"从形式到内容相互渗透交融，形成一种互为依托、互为表里的结构形态。张栻有《重修岳麓书院记》；吕祖谦创办明招书院，并讲学其中；朱熹为石鼓书院作"记"，在白鹿洞书院发布《招举人入书院状》，并有《白鹿书堂策问》。尤其是《白鹿洞书院揭示》颁行天下后，书院更有了共同的准则。这种自觉的举措，是书院制度走向成熟并最终确立的标志。书院是理学的基地，理学则为书院的精神，是南宋书院的最大特色。

宋代思想限制宽松、学术氛围自由活泼，不同的思想学说可以相互交流、切磋、辩难。北宋后期，王安石新学、二程理学、司马光朔学、三苏"蜀学"，四者之间已经展开了激烈辩论。进入南宋，朱熹理学同陆九渊心学展开"无极太极之辩""鹅湖之辩"，是谓历史上著名的"朱陆之辩"。陈亮与朱熹之间展开的"王霸义利之辩"，引起了整个南宋思想界的关注和思考，促进了南宋浙学与程朱理学分庭抗礼格局的最终定型。

总之，教育普及、书院讲学，既是宋代学术文化高度发展的重要标志，也是宋代学术文化取得重大成就的重要原因。

（四）通经明理、经世致用

钱穆《中国近三百年学术史》认为，"北宋学术，不外经术、政事两端”。吕思勉《理学纲要·序》指出：“理学特色在于躬行实践，非如寻常所谓哲学者，但厌好奇之心，驰玄远之想而已。”可见，两宋时期的文治武功，大多系理学家所为。宋代的儒家士大夫群体，格外强调“通经致用”，将儒家理论应用于改造客观世界以造福百姓，特别注重以夏、商、周三代为理想模式而推行政治改革，以达到富国强兵的目的。如，李觏研治《周礼》，不是把《周礼》作为顶礼膜拜的教条，而是通过对“礼之本”“礼之友”“礼之别名”的分析，找到解决当时（宋代中前期）所面临的种种问题的办法。

范仲淹上疏宋仁宗，请求推行“庆历改革”“议兵屯、修京师外城、密定讨伐之谋”等，并奏请扩大相权，由辅臣兼管军事、官吏升迁等事宜。同时，首倡“先天下之忧而忧，后天下之乐而乐”的担当精神，并有“宁鸣而死，不默而生”的箴言名句。他敢于秉公苦谏，纠补朝政阙失，时有奋不顾身之举。范仲淹忧国忧民、先忧后乐的忠臣品格，也为同时代及后世的儒家士大夫所称赞。王安石赞道：“呜呼我公，一世之师。由初迄终，名节无疵。”朱熹认为：“本朝忠义之风，却是自范文正公作成起来也。”纪昀则称赞他：“行求无愧于圣贤，学求有济于天下，古之所谓大儒者，有体有用，不过如此。”

欧阳修积极参加范仲淹、韩琦、富弼等人推行的“庆历新政”，是革新派的中坚力量，提出了改革吏治、军事、贡举法等一系列革新主张。被誉为“中国11世纪的改革家”的王安石，把《周礼》作为推行政治改革的典据；他所领导的“熙宁变法”，根本目的在于增强对外防御能力，改变北宋建国以来积贫积弱的局面。苏轼一生都处在政治斗争的风暴中，在新旧两党的夹击中为实现自己的政治理想、改革主张而奋斗；苏洵、苏辙、曾巩亦积极参政议政，写下大量优秀的政论。张载提出的“为天地立心，为生民立命，为往圣继绝学，为万世开太平”的儒者使命，成为集中体现儒家通经明理、经世致用思想的箴言。南宋事功学者陈亮认为，应该注重汉唐历史的经验，以汲取适用改革南宋政治经济社会危机的教训；永嘉学派的集大成者叶适，推崇“义利并举”，反对脱离具体实际效果而空谈道义。这都是宋儒为实现“内圣外王”的终极理想而进行的努力奋斗。

（五）“浙学”崛起、鼎足而三

两浙是南宋思想文化活动最活跃的中心区域。金华的吕祖谦与朱熹、张栻齐名，号称“东南三先生”，他所创立的金华学派，亦称吕学、婺学。吕祖谦又与朱熹、张栻、范浚、陈傅良、叶适、陈亮等为友，且“博诸四方师友之所讲，融洽无所偏滞”，遂以家学为根基，融会贯通“浙学”“闽学”，又以“中原文献之统润色之”。这是宽容、开放和多元的一种儒家典型，最终形成了具有自家特色的金华学派。

永嘉学派盛于南宋，渊源于北宋的王开祖、林石、丁昌期等“皇祐三先生”和周行己、许景衡、刘安节、刘安上、蒋元中、沈躬行、戴述、赵霄、张辉等“元丰九先生”。清代学者赵一清《浙学源流考》指出：“永嘉之儒，王开祖倡道学于伊洛未出之先，林石讲《春秋》于王氏心学之际。确乎不拔，真人豪也！”周行己、许景衡等学于王安石的新学、吕大临的关学、程颢程颐的洛学，并将诸说带回浙东永嘉。南宋时期，薛季宣开创经制事功之学，继之者陈傅良，集大成者叶适，由于是永嘉籍学者发祥传播，故称“永嘉学派”。郑伯熊、郑伯英、蔡幼学、徐谊等永嘉学者，也属于永嘉学派成员。

永康学派是以陈亮为代表的事功学派，因陈亮为婺州永康人，故名“永康学派”。与以朱熹为代表的“格物穷理”之理学相对立，永康学派主张“义利双行，王霸并用”（朱熹评语）。陈傅良认为，陈亮之学的特质是：“功到成处，便是有德；事到济处，便是有理。”全祖望《宋元学案·龙川学案序录》称“永嘉以经制言事功，皆推原以为得统于程氏，永康则专言事功而无所承”，故学界又称永康之学为事功之学。陈亮力图使儒家学说切于实用，“开物成务”，一时从学者众。永康学派的主要成员有喻民献、喻偘、喻南强、吴深等。

南宋浙东金华学派、永嘉学派、永康学派在反对片面强调身心修养而忽视改造客观世界的经世致用、重视史学研究吸取历史经验、重视制度改革、坚决恢复北伐统一中原等重大议题上形成了共识，奠定了南宋“浙学”（或“浙东学派”）的思想基础和组织基础，与朱熹理学、陆九渊心学鼎足而三，成为具有全国影响力的思想流派，开创了浙江思想学术史上的一个高峰。

二、历史地位

（一）理学是传统学术发展的一个高峰

宋代建立的理学即新儒学传统影响了近世中国八百余年。陈寅恪在《邓广铭〈宋史职官志考证〉序》一文中，从中国文化演进角度出发，指出：“华夏民族之文化，历数千载之演进，造极于赵宋之世。”又说将来学术之发展，“可一言蔽之曰，宋代学术之复兴，或新宋学之建立是已”。邓广铭则从时间序列中来论宋代，宣称：“宋代文化的发展，既超越了居于它之前的唐代，也为居于它之后的元明两代之所不能及，这却是无可争辩的事实。”

具体说来，异彩纷呈、创见迭出、派系林立、争论不休的理学家群体以儒家经典诠释为中心，通过对佛、道二教进行内在性的批评、扬弃与消化，以一种“文化自觉”的样态重建了中国人的宇宙本体论和心性修养论，重构了儒家道德形上学的理论体系，进而解决了中国人的精神信仰问题及超越追求与现实关怀的关系问题。

而从中国传统哲学的历史进程来看，正是北宋理学的兴起，使得中国传统哲学进入一个新的发展阶段，其后元代哲学乃至明代哲学的演绎与发展，实际上都以北宋时期兴起的理学为起点与根基。以明代为例，陈献章、王阳明发展了程颢、陆九渊一系的心学传统，而有江门白沙心学、姚江阳明心学；王廷相、罗钦顺继承与发展了张载的气学，到王夫之则建立了体系最完善的气本体论哲学。尽管考据学在清代乾嘉时期勃兴，但清代的官方哲学依旧为程朱理学。

“问渠那得清如许，为有源头活水来。”20世纪以来，以牟宗三、杜维明等为代表的新儒家倡导“儒家三期说”：第一期是以孔、孟、荀为代表的儒学铸造期，第二期是“宋明儒之彰显绝对主体时期，此则较为消极的、分解的、空灵的，其功效见于移风易俗”，第三期则是当代新儒学。牟宗三《从陆象山到刘蕺山》一书将宋明理学的发展区分为“三系”：“五峰、蕺山系”“象山、阳明系”“伊川、朱子系”。“三系”的形成既标志着宋明理学的历史发展，同时也反映出“三系”理学在宋明理学发展中的历史地位与理论价值。而当代新儒家学派的形成也是从宋明理学中汲取思想资源，比如牟宗三关于宋明理学“三系”论的理论旨趣在于道德哲学，从而为其“道德的形上学”提供立论基础。冯友兰“新理学”的建构也是上接程朱理学，并与西方新实在论相贯通，以构筑富有思辨性的思想体系。贺麟“新心学”是以黑格尔、新黑格尔主义为根干，融合唯心论与实在论、观念论与感觉论、程朱理学与陆王心学，以心理合一、心物合一、心性合一、体用合一为形态的“理想唯心论”。

（二）理学是近世东亚、东南亚文明的共同体现

宋代学者所开创的理学在影响传统中国八百余年的同时，也播及域外数百年，在朝鲜半岛、日本列岛及越南、马来西亚、新加坡等东南亚地区有着一定的影响，进而成为整个东南亚地区的精神文明源泉，也可谓是前近代即近世东亚、东南亚文明的共同体现。陈来《宋明理学》一书就认为，理学不仅是中国的思想文化，也是韩国、日本、越南的思想文化，韩国、日本、越南的儒家学者都曾在理学思想上作出了创造性的贡献。

以12世纪在中国产生的朱子学为例。从历史发展来看，中国朱子学在13世纪末传入高丽朝末期的朝鲜和镰仓时期的日本，开始了走向东亚的历史进程。朱子学传入朝鲜以后，即受到朝鲜半岛统治者的高度重视，被确立为官方哲学。经过历代学者的不懈努力，16世纪之后，朝鲜朱子学者深入理气心性等问题的理论内部，展开了一系列富有理论深度的哲学论辩，推动了朱子学的理论发展，是为“朝鲜朱子学”。

13世纪的日本镰仓时代，僧侣们仅将朱子著作用于诵习，对其中的义理之学并无过多关注。14—16世纪，日本朱子学摆脱禅学的束缚，并与日本原有的神道结合，走上独立发展的道路，出现了研究朱子学的儒家学派。后来江户时代的德川幕府为了维护其封建统治，更是把朱子学奉为“官学”。从此，朱子学在日本进入鼎盛时

期。明治维新以后，许多日本思想家为了解决资本主义带来的各种社会问题，继续潜心研究朱子学，以寻找实现“道德之教”的良药。1890年，日本天皇公布《教育敕语》，确立了以儒家道德思想（理学思想）为主要内容的国民道德教育方针。

朱子学甫一传入越南即受到官方重视，当时的陈朝还直接效仿中国以朱子《四书章句集注》取士的科举制度。而在后来的黎、阮两朝，统治阶级更是大力褒扬朱子学，并把朱子学立为官方哲学。朱子学也对越南社会产生了非常深刻的影响，保存至今的越南国史《大越史记全书》，就明显受到朱熹《资治通鉴纲目》史学思想的影响；朱熹的伦理道德思想更是渗透到越南人的社会生活中，成为他们日常行为的指南。

随着朱子学的不断传播，朱子学开始影响到东南亚的新加坡、泰国及马来西亚等国。华人为了把儒家思想传播给下一代，在所属国创办华文学校，把“四书”“五经”列入当地华文学校的主要课程。新加坡政府甚至把“忠孝仁爱礼义廉耻”八德具体化，赋予现代化和新加坡化的内容，将其视作一以贯之的治国之道。20世纪中叶以后，东南亚更是兴起了一股朱子学研究热（以“世界朱氏联合会”的成立为标志），他们把朱子学作为解决西方物质文明给社会带来弊病的一剂良药，认为朱子学是治心之学，并加以推崇。

朱子学在海外传播及产生影响的历史过程，有力地证明了它具有强大的生命力与社会张力。而从历史视角梳理朱子学在朝鲜、日本、越南等地的传播和演变，我们可以看到中国文化和先贤哲人的思想在文明交流传播视野下展现着东方智慧，具有强大生命力和无穷魅力。

三、当代价值

“跳出南宋看南宋、跳出浙江看南宋”，了解宋代理学的思想体系，进而关照其历久弥新的时代价值，可以帮助我们更好地理解宋韵文化的丰富内涵，这也是推进宋韵文化传承发展的基础性研究阐释工作。我们认为，宋代理学的历史启示与时代价值，具体体现在以下四个方面。

（一）“涵养用敬，进学致知”的道德实践

修身正己立德是中国人做人处世、为官从政的根本遵循。理学作为心性义理之学，格外重视“格物穷理”“进学致知”“涵养用敬”“存心养气”的为学路径与道德实践。王安石在《洪范传》中提出了“修其心治其身，而后可以为政于天下”的治国理政之道。意思是，君主包括士大夫要先修心治身，充实德行，而后才能理政治国平天下。

程朱的心性学说极为强调“涵养用敬”的治“心”工夫。二程说“入道莫如敬”，朱熹也说“敬者，工夫之妙，圣学之成始成终者皆由此”，进而总论“涵养须用敬，进学则在致知”的理学工夫。据此，二程认为：“一心可以丧邦，一心可以兴邦，只在公私之间尔。”大意是，当政者是否具有公心，关乎国家兴亡。这也启示新时代的党员干部，从事本职工作，要大公无私、公私分明、先公后私、公而忘私，只有一心为公、事事出于公心，才能坦荡做人、谨慎用权，才能光明正大、堂堂正正。

宋代理学家还有劝学、进学的传统，认为勤奋好学、格物致知

是一种美德。欧阳修认为，“立身以立学为先，立学以读书为本”；苏轼不仅有“腹有诗书气自华”的劝学名句，还提倡“博观而约取，厚积而薄发”的读书法；二程对于“进学”，也有“君子之学必日新，日新者日进也。不日新者必日退，未有不进而不退者”的论述。宋太宗虽政事繁忙，仍不忘翻阅书卷。这种端正、勤奋的读书观，也勉励后人勤奋好学。

进学致知，行方思远。作为新时代的党员干部，应从“涵养用敬，进学致知”的理学工夫中汲取智慧，不仅要把学习作为一种自觉行动、一种美德来看待，而且要把它作为一种政治责任、一种精神境界来追求，及时更新和优化知识结构，提高自身素质，从而更好地担负起党和人民赋予的重任。

（二）“心忧天下，担当道义”的家国情怀

在中华传统文化中，“修身齐家治国平天下”既是道德教育和治国理政的基本准则，也是实现人生奋斗目标的最高境界。宋代理学强调通过知识储备、道德涵养以达成理想人格与成就事业的双重目标，这也强化了中华民族注重民族气节和道德操守、注重社会责任与历史使命的文化性格。

2016年4月，习近平同志在知识分子、劳动模范、青年代表座谈会上的讲话中指出：“天下为公、担当道义，是广大知识分子应有的情怀。我国知识分子历来有浓厚的家国情怀，有强烈的社会责任感。‘修身齐家治国平天下’，‘为天地立心、为生民立命、为往圣继绝学、为万世开太平’，‘先天下之忧而忧，后天下之乐而乐’，这些思想为一代又一代知识分子所尊崇。”

“先天下之忧而忧，后天下之乐而乐”是北宋“庆历新政”主持

者范仲淹的经典名句。为改变北宋建国以来积贫积弱的时局，范仲淹给朝廷“条奏当世务”，提出了系统的政改方案。《宋史》本传评价他是“以天下为己任，裁削幸滥，考覆官吏，日夜谋虑，兴致太平”。古往今来，举凡有作为的官员都以关心百姓疾苦为己任，为官就要有“先天下之忧而忧，后天下之乐而乐”的政治抱负，心无百姓莫为官。

“为天地立心、为生民立命、为往圣继绝学、为万世开太平”是宋儒张载的名言，用现代话说，就是鼓励并要求知识分子为社会重建精神价值，为民众确立生命的意义，为前圣继承已绝之学统，为万世开拓太平之基业。2016年5月，习近平同志在哲学社会科学工作座谈会上的讲话再次引用了张载的这句经典名言，鼓励一切有理想、有抱负的哲学社会科学工作者都应该立时代之潮头、通古今之变化、发思想之先声，积极为党和人民述学立论、建言献策，担负起历史赋予的光荣使命。

此外，苏辙的学问以儒学为主，并关注民众的生活疾苦，在《上皇帝书》中提出了“去民之患，如除腹心之疾”的论断。司马光也有“为政在顺民心，民之所欲者行之，所恶者去之”的顺民论。朱熹集孔孟儒学及两宋理学之大成，提出了“国以民为本，社稷亦为民而立”“平易近民，为政之本”“天下之务莫大于恤民”等一系列民本理论。朱熹有恤民之心，也擅安民之法。南宋淳熙八年（1181），浙东久旱不雨，饥荒百年不遇。朱熹到提举浙东常平茶盐公事任上，就拨米拨钱赈济灾民，减免缓收灾区赋税，奖赏救灾富户，并惩办救灾不力者，多措并举，救民于水火。宋儒的民本理论与实践启示我们，加强党的政治建设，要一切以人民为中心，紧扣民心这个最大的政治，把赢得民心民意、汇集民智民力作为重要着力点。

总之，宋代儒家士大夫群体所彰显的“先天下之忧而忧，后天下之乐而乐”的政治抱负，“位卑未敢忘忧国”的报国情怀，“国以民为本，社稷亦为民而立”的为民情怀，“人生自古谁无死，留取丹心照汗青”的献身精神，都体现了中华民族的优秀传统文化和民族精神，我们都应该继承和发扬。

（三）“生于忧患，长于忧患”的忧患意识

北京大学邓小南教授认为，10—13世纪的宋代，其局势或可概括为“生于忧患，长于忧患”。这是说诞生于忧患背景下的宋朝，在其300余年历史中始终承受着北方少数民族政权的压力。

我们从宋代士大夫的章奏、诗文、信函中，就可以感受到宋人对于“忧患”的体味与感悟。苏轼《晁错论》开篇第一句就是：“天下之患，最不可为者，名为治平无事，而其实有不测之忧。坐观其变而不为之所，则恐至于不可救。”是说，天下的祸患，最难以解决的，莫过于表面上平安无事，实际上却存在着难以预料的隐患。这就启示我们，一个国家、一个社会、一个组织，其生存和发展最主要的威胁，往往不是突如其来的重大灾难与变故，而恰恰是那些不易察觉、缓慢积累起来的倦怠与松懈。

宋仁宗时期，面临内忧外患，因循苟且、得过且过之风却不断滋长。欧阳修清醒地认识到国势处于“人心怨于内，四夷攻于外”的危急时刻，宜采取有效措施革除社会弊端、改革朝政。他在《新五代史·伶官传序》中提出了“忧劳可以兴国，逸豫可以亡身，自然之理也”的居安思危论。此外，欧阳修在《新唐书·褚遂良传》中也有“奢靡之始，危亡之渐”的告诫，这也是一种忧患意识。

（四）“崇尚事功，开物成务”的浙学精神

习近平同志在浙江工作期间对南宋浙东学派就有关注。2006年2月，他在接受人民网记者专访时指出：“浙江在历史上有许多著名的学派，如以吕祖谦为代表的金华学派，以陈亮为代表的永康学派，以叶适为代表的永嘉学派……这些学派和人物在中国文化史上独树一帜，有较高的地位，他们的思想、观点已经成为浙江的文化基因，形成了浙江特有的人文优势。”

浙江是南宋思想文化活动最活跃的中心区域。金华的吕祖谦与朱熹、张栻齐名，并称“东南三先生”。吕祖谦又与朱熹、张栻、陈傅良、叶适、陈亮为友，遂以家学为根基，融会贯通“浙学”“湘学”“闽学”，又以“中原文献之统润色之”，最终形成了具有自家特色的“金华学派”。南宋时期，永嘉籍学者薛季宣开创经制之学，继之者陈傅良，集大成者叶适，是为“永嘉学派”。永康学派是以永康籍学人陈亮为代表的事功学派。

崇尚事功、开物成务，是浙东学派的最大理想与政治抱负。南宋浙东学者在重视史学研究并吸取历史经验，借鉴古代的典章制度而为现实政治问题的解决寻找出路，坚决主张北伐、统一中原等重大议题上形成了共识，讲求经世致用、注重事功实学，这就奠定了南宋“浙学”的思想基础和组织基础。南宋事功实学就是传统儒学“实用理性”的充分彰显，是道德养成与事功实践的有机统一。朱熹所说的“多尚事功”的“浙学”与朱熹理学、陆九渊心学鼎足而三，成为具有全国影响力的思想流派，开创了浙江思想学术史上的一个高峰。

“浙学”的本质就是“事功实学”。“实”字，也是浙江精神一以

贯之之道。浙江精神表述语中的“求真务实”，习近平同志对浙江新期望中的“干在实处永无止境”，浙江党员干部“唯实惟先、善作善成”的团队文化，党史学习教育活动中的“我为群众办实事”，均有一个“实”字。秉持浙江精神，打造新时代文化高地，为高质量发展建设共同富裕示范区注入强大文化力量，无疑需要传承和弘扬历史上浙学家崇尚事功、建功立业的“浙学精神”。

阅读链接：

钱穆：《宋明理学概论》，九州出版社2010年版

陈荣捷：《宋明理学之概念与历史》，台北“中央研究院”中国文哲研究所筹备处1996年印行

侯外庐等主编：《宋明理学史》，人民出版社1997年版

陈来：《宋明理学》，北京大学出版社2020年版

陈来、杨立华等：《中国儒学史·宋元卷》，北京大学出版社2011年版

漆侠：《宋学的发展和演变》，河北人民出版社、人民出版社2011年版

田文军、文碧芳等：《中国哲学通史·宋元卷》，江苏人民出版社2021年版

朱人求、乐爱国主编：《百年东亚朱子学》，商务印书馆2016年版

王凤贤、丁国顺：《浙东学派研究》，浙江人民出版社1993年版

王宇：《道行天地：南宋浙东学派论》，中国社会科学出版社2012年版

第二章　重视规则的制度设计

赵宋政权的创立者鉴于晚唐、五代中央集权衰微和军阀割据的历史教训，把健全制度建设、改变五代以来法制混乱的局面，作为稳定政局、治理国家的首要任务之一。在沿袭唐代制度的同时，宋统治者做了很多改革和创新，建立起一整套系统的典章制度，这些制度多半从前代嬗变而来，有些则是宋代的发明。太祖、太宗以下，制度在执行中开始暴露出很多弊端，从北宋中期仁宗朝开始就不断有志士贤臣提出改革制度的方案，这其中既包括“庆历新政”“熙宁变法”这样总体性的系统再造，也包括了不计其数的制度微调。最终，宋人在制度设计、制度运行、制度改良方面积累了丰富的实践经验，从而形成了自己的制度架构，并在制度架构的设计原则、运行维护、监察监督、考核评估、反馈调适等方面形成了一整套内在逻辑、价值取向和基本特征。以下就结合具体制度细节作一简单介绍。

一、基本特征

（一）崇尚规则，奉行法度

北宋名臣富弼指出：“臣历观自古帝王理天下，未有不以法制为首务。法制立，然后万事有经，而治道可必。”这里所谓的“法制”不仅指司法制度，也指宋代在政治、军事、科举、赋役等诸多领域建立的比较完整的、成文的制度体系。宋太祖曾问宰相赵普：“天下何物最大？”赵普回答说：“道理最大。”太祖屡次称赞赵普的这个观点。“道理”代表了理性和道德，也代表了根据理性和道德形成的一系列制度安排。宋人认为：“天下之法，当与天下共之，有司守之以死。虽天子不得而私也，而后天下之大公立。”法令制度经由皇帝的批准而颁布施行，代表了统治阶级的整体利益，皇帝虽然是最高统治者，也必须自觉地遵守法令制度，不能任性妄为。

这一点在宋代官员选拔制度的执行中体现得特别明显。主管官员选拔的吏部尚书、吏部侍郎完全没有自由裁量权，需要遵循各种琐细的律令格式：“其人之贤否，其事之罪功，其地之远近，其资之先后，其禄之厚薄，其阙之多少，则曰‘是一切有法矣’。”一次，宋孝宗以内批的形式要求赐予某人官职，宰相梁克家认为这一任命违反了现行的选官制度，拒绝执行，孝宗不但没有责怪，反而称赞他：“卿等如此执法，极好。”在宋代政治比较健康、皇帝相对清明的时期，君臣都能严格地崇尚规则、严守法度，使权力在制度的轨道中运行。叶适称之为：“不以刑法御臣下而与臣下共守法。”在不威胁皇权统治的前提下，皇帝与大臣做到了制度面前的平等，这种平等之所以能够成立，根本原因是皇帝也需要运用制度来约束大臣行使权力，从而巩固自己的君主独裁。故有学者认为宋代的皇权政治不是明、清两代的“君主独裁”，而是制度化的“君主独裁制”，即是此意。

◀〔宋〕李焘《续资治通鉴长编》卷一百四十三，庆历三年九月丙戌条

◀〔宋〕沈括《梦溪笔谈》续笔谈十一

◀〔明〕黄淮、杨士奇编《历代名臣奏议》卷二十三《许翰上钦宗论御笔手诏不由三省而下者取旨方行》

◀〔宋〕叶适《水心别集》卷十二《铨选》

◀〔宋〕佚名《中兴两朝圣政》卷五十二《守法以杜侥幸》

◀〔宋〕叶适《水心别集》卷十四《新书》

（二）制度设计的核心精神保持稳定的延续性

虽然宋代的制度经历了不同时期的多次变革改良，但无论外部环境和内部生态如何变迁，北宋建立之初形成的某些核心精神，在两宋三百年的制度设计、制度运行中始终得到了全面充分的贯彻和始终不渝的秉持坚守。对于这些核心精神，宋人有不同的表述，或称之为“祖宗之法”，或被叶适称为“纪纲”：“纪纲、法度，一事也，法度其细也，纪纲其大也。”“纪纲”是塑造具体制度的原则。

▶〔宋〕叶适《水心别集》卷十四《纪纲一》

尽管宋人对“祖宗之法”留下了很多相互矛盾的表述，但都认为有两条原则构成了制度体系稳定的精神内核：一是“宽大仁厚”的执政导向，二是“防范矫失”的“纪纲”。

所谓“宽大仁厚”，主要指宋统治者鉴于五代刑法苛酷的弊端，在施行刑法时偏于宽大，特别是优待士大夫、优待读书人。譬如，宋太祖将传统五刑（笞、杖、徒、流、死）中的笞（用荆条鞭笞犯人的臀、背、腿等部位）、杖、徒（监禁）三种刑法，统一以杖刑来执行，大大减轻了犯人的肉体痛苦；而流刑（流放）则被改成了配役刑，犯人得到了更大的人身自由。宋代对死刑的判决也较前代慎重，设置了复杂的上诉、复审、奏谳流程，尽可能地防止死刑冤假错案的发生。优待士大夫，不杀士大夫，更是宋代始终秉持的“祖宗之法”，具体而言就是从俸禄、荫补、礼仪、科举取士等各方面给予士大夫优厚的待遇，一般情况下不判处士大夫死刑，尤其是不根据士大夫的言论判处其死刑。从两宋的实际情况看，虽然出现过士大夫被处死的零星个案，但从总体而言，两宋统治者确实做到了“未尝轻杀一臣下”，宋太宗更是自称：“朕于士大夫无所负矣。”明

▶〔宋〕杨仲良《续资治通鉴长编纪事本末》卷十四

人王夫之在《宋论》中也不得不承认："终宋之世，文臣无殴刀之辟。"

◀〔明〕王夫之《宋论·太祖四》

"祖宗之法"的第二个核心是"防范矫失"的"纪纲"。顾名思义，"纪纲"就是纪律（规则）的权威性和约束性。有鉴于五代各割据政权更迭频仍，皇权衰微，北宋在建立之初就千方百计地防范重大风险的发生，这些重大风险主要指军阀割据、农民起义、宦官干政、宗室篡位等。为此，有必要通过复杂的制度设计实现权力运行的全过程监督，通过在中央和地方各个层级实行分权，避免某一个职位获得过大的权力。这一点，下文还要专门详细展开论述，此不赘。

在实践中，"宽大仁厚"与"防范矫失"是有机结合在一起的。宋人这样阐述二者的关系："圣人之治天下固以仁意为本，而其施之于政则必有纪纲法制，截然而不可犯，然后吾之所谓仁意者，得以随事及人而无颓敝不举之处。人之蒙惠于我者，亦得以广博周遍，而无间隔欺蔽之患。""仁义道德"必须通过制度运行才能转化为实惠和福利，只有通过形成稳定的制度运行（而不是个别人的良好意愿），才能持续地、全面地惠及百姓。

◀〔宋〕欧阳修《新五代史》卷四十六

（三）注重制度运行的全过程监督

宋人认为在权力使用具体落实为制度运行的过程中，要防范出现危及统治基础的重大风险，就必须对制度运行的各个环节、各个职位开展全过程的监督，这一原则被概括为："事为之制，曲为之防。"

为此，宋代建立了空前周密细致的监察体制。在中央层面，强化了以御史台和谏院为主体的监察机构。前者监察百官的不法行为，也参与司法审核，主导大案要案审判，参与重大决策的讨论，还作为皇帝特派的使者外出履行监察职责。后者主要以劝谏皇帝为主，但在实践中，重点也转移到了监察百官上。宋代台谏不仅机构设置完备，而且得到了较大的言事空间，特许“风闻言事”，可以在全部事实情节调查清楚之前，根据某些线索和迹象公开举报、发起监察；如果最后调查结果表明御史、谏官所言不实，也不会受到惩罚。总体而言，宋代轻易不会加罪负有监察责任的言官，因上奏言事忤逆君心而被判处死刑的情形更是极其罕见。

宋代加强制度运行监督的第二个举措是通过权力分置防止单个机构、单个职位在权力运行中获得不受约束的特权，从而消除可能威胁政权稳定的萌芽。

譬如，为了防止宰相的权力过大，宋初就设置了枢密院这一机构，与宰相的政事堂并列，而专责主管国防军事；还设置了相当于副宰相的参知政事，参与朝廷机密要务，与宰相轮流主导中央行政职能，从而削弱了宰相的权力。又设置主管财政经济事务的综合部门——三司（通管盐铁、度支、户部三个机构）；在唐代，三司长官可由宰相兼任，宋代则完全独立建置三司，将其长官三司使的礼遇、俸禄提高到与参知政事（副宰相）相当的地位，俗称“计相”。三司虽然在宋神宗元丰官职改革中被废除，但后起的总领所等机构，以及皇帝的私人金库（左藏库），都独立于宰相的领导之外，而直接向皇帝负责，导致宰相始终不能完整地主导财政经济事务的决策。

除了枢密院、三司等直接向皇帝负责的机构外，还有御史台、审官院、审刑院、谏院等机构也直属于皇帝，它们各司其职，相互牵制，有力地防止了宰相擅权，避免了对皇权的威胁。

为了尽可能减少决策失误，宋代继承了唐代中书省草拟诏书、门下省审核、尚书省执行的三省制度，并在此基础上增加了封还录黄（封还词头）的监督环节，即负责起草诏书的中书舍人（或翰林学士）接到命令后，认为诏书内容不合理、不合法，可以拒绝起草诏书。这一监督环节在唐代三省制度中是没有的。

在地方行政体系中，宋代在州一级设置通判，其地位虽然是知州的副手，但专责管理财政事务，知州不得过问，从而防范了知州权力过大。宋代在州、县两级政区之上还设置了路，统辖若干个州，又在路一级设置了安抚使司（军事）、转运使司（财政）、提点刑狱公事（司法）、提举常平司（管理常平仓或茶、盐专卖）等监察机构，各自履行单一职能，通过巡历、考课等形式对州县展开制度性监察。

在科举取士领域，宋代也对唐代科举制度进行了一系列重大改革，禁止知贡举的大臣与新科进士结成座主、门生关系，防止滋生人身依附关系；对高级官员的子弟施行复试，防止作弊；对考官施行“锁宿”制度（考试期间被隔离封闭于考场）中，设置多名权知贡举、同知贡举（即科举考试的最高主考官），相互监督，防范个别知贡举的大臣徇私舞弊；对试卷的判读评分，施行封弥（匿去考生实名）、誊录（重新抄录考卷使考官无法辨认考生笔迹）。这些监督措施的实施，大大提高了宋代科举考试的公平、公开、公正程度，在很大程度上实现了排除门第背景的干扰而“一切以程文为去留”的目的。

（四）评估制度利弊得失，开展变法改革

庞大复杂的制度体系建立起来后，在施行过程中必然出现种种弊端和不足，宋人在不同历史节点进行了自觉或被动的制度调整乃

至全面改革。最著名的两次大规模变法都发生在北宋，即“庆历新政”和“熙宁变法”。

1.庆历新政

由范仲淹主导的“庆历新政”，其改革措施由十个方面组成，广泛涉及选官制度、科举制度、教育制度、赋役制度、公田制度、劝农制度、军事制度等领域，是一次具有鲜明价值导向和成熟顶层设计的体系性改革。遗憾的是，由于触及各方面的既得利益，这次改革持续时间不长（仁宗庆历三年至四年，即1043—1044年），很多改革举措未来得及执行，就以范仲淹等人离开朝廷而告中辍。尽管如此，改革的部分成果仍然保留了下来，在某些领域推动了意义深远的制度变革。譬如，新政减少了各级官员荫补亲属的数量，强调荫补子弟必须经过考试的规定，从而在一定程度上限制了荫补入仕的人数，提高了荫补入仕官员的素质。譬如，新政对科举考试（主要是进士科考试）的科目和考察内容进行了重大调整，从考察诗赋为主转向考察经义（解释儒家经典义理的论文）和策论（对历代史事人物或当前时政提出意见和主张的论文）。又譬如，新政正式建立了中央的太学，拨给教育经费和办学场所，改良了教学内容和教学方法；大力鼓励州县广建学校，大大推动了社会教育文化水平的提高。

2.熙宁变法

与“庆历新政”相比，由王安石发起、得到宋神宗始终支持的“熙宁变法”是规模更大、成果更大、历史影响更加深远的整体制度改革。这次变法自神宗熙宁二年（1069）开始延续到了元丰八年（1085），其主要改革措施大多得到了贯彻落实。虽然在宋神宗去世后，统治集团发生了一系列政治斗争，这次变法的各项措施被不同程度地废止、削弱或修正，但仍有相当一部分成果被保留了下来，不但对南宋，而且对元、明、清三代都产生了深远的影响。

“熙宁变法”（包括神宗元丰年间推出的一系列改革措施）的制度改革由“富国”“强兵”“兴文”三个板块组成。在“富国”方面，推出一系列举措：推行免役法，允许农民缴纳货币免除徭役，释放了农民的人身自由，顺应了商品经济发展的历史趋势，因此虽一度被废，但直到南宋仍在很多区域继续执行；推行青苗法，由官方向青黄不接的农民贷款，南宋时此法仍在局部地区执行；推行农田水利法，奖励各地兴修水利，对宋代农业生产的发展起到了一定的推动作用，故南宋仍推行类似的措施；推行方田均税法，每年由地方官员丈量土地，从而平均税负，避免地主豪强隐瞒田产，此法虽然被废，但南宋多次举行相近性质的“经界”。在“强兵”方面，推行“置将法”（将兵法），由固定的将官训练、指挥军队，从而克服北宋前期“兵不知将，将不知兵”的弊端，此法在南宋继续执行；还新设了军器监这一主管武器装备研发制造的机构，并在南宋也被继续保留。“熙宁变法”的“兴文”举措，主要是“三舍法”和科举制度改革。“三舍法”旨在将太学生分成外舍、内舍、上舍三个单元，学生通过例行考试，优者“升舍”，最优秀的上舍生直接授官或取得参加科举省试资格，此法虽一度被废，但迄南宋灭亡始终执行。科举制度改革，主要是从熙宁三年（1070）起，科举考试彻底停止考核诗赋、以背诵为主的帖经和墨义，只考经义、策、论，并增加《论语》《孟子》为必考的“小经”。这一改革虽然经历了很多反复（如南宋在进士科中设置了诗赋和经义并行两种类型的考试），但历史影响极其深远，奠定了元、明、清三代科举考试的基本制度框架。

总体而言，宋代的大规模改革变法集中在北宋，南宋则只是一些局部的制度改革举措（譬如宰相制度改革），规模和力度逊于北宋。但无论是北宋还是南宋，这些制度改革都体现了宋代士大夫怀着天下为己任的抱负，勇于通过制度改革将儒家的价值理念贯彻落实于现实政治之中，表现出巨大的道德勇气和进取精神。

（五）以浙学为代表的制度之学研究蔚然成风

宋人高度重视研究制度、研究制度史。无论是官方还是私人，都重视整理汇编本朝的制度沿革、重视及时总结制度施行的得失利弊，注重通过史学研究从历代制度变迁中汲取智慧，并自觉运用于当代制度改革中。

在官方层面，宋代建立了成熟稳定的制度汇编体制——“会要”编修体例。宋代在秘书省下设置专门的编修机构“会要所”，每朝都调集大量文书档案，将本朝已经颁行的典章制度分门别类，按照时间先后，聚焦制度变迁细节和朝野上下对制度运行的意见，系统地收录在一起，从而巩固了制度的权威性和稳定性，也成为后世制度研究的史料宝库。两宋先后修纂了16部“会要”（北宋3部，南宋13部），其中南宋孝宗、宁宗两朝就三次编修“会要”，反映了这两朝制度变革的频繁，也反映了宋代统治者对制度整理汇编的高度重视。此外，宋代官方还大量编纂各类记载制度的单行著作“政书”“礼书”，现存的如南宋的《中兴礼书》《庆元条法事类》《吏部条法（残本）》等，都是按照门类分别记载制度变迁的文献。

在民间，对历代制度和本朝制度的学术研究也蔚然成风。南宋浙东学派在吕祖谦的带领下都重视研究制度史，永嘉学派代表人物叶适称之为可以“付之实用”的“制度新学”，相关代表著作有吕祖谦《历代制度详说》和陈傅良《历代兵制》《皇朝财赋兵防秩官志稿》等。除了南宋浙东学派的“制度新学”外，宋代学者重视编纂制度专史著作，这一类著作由唐代杜佑《通典》发端，专就历代典章制度，分门别类地、系统全面而又概括地编撰史料。宋代学者在这方面成就最高、影响最大的是被列入“十通”的郑樵《通志》、马端临《文献通考》。

郑樵（1104—1162）《通志》共200卷，其精华在于《二十略》，即从二十个门类记载社会史、学术史、风土人情的资料，其中属于制度史范畴的有《地理略》《礼略》《谥略》《职官略》《刑法略》《选举略》《乐略》《食货略》《器服略》九个门类。郑樵说：“百代之宪章，学者之能事，尽于此矣！”通过裁剪搜集史料，提出自己的独创观点，为历代制度得失勾勒出一幅整体图景。梁启超赞之为：“二十略，以论断为主，以记述为辅，实为中国史界放一光明也。”

◀〔宋〕郑樵《通志·总序》

◀梁启超《新史学》

马端临（1254—1323）《文献通考》共二十门（即二十四《考》），合计348卷。此书在编纂中分成“文”“献”“注”三级记述，分别对应史实叙述、前人议论、马氏自注。这种体例是他的原创，对后世目录学、文献学影响深远。由于体例合理、体量巨大、搜罗史料广泛，《文献通考》成为宋代制度研究的重要史料来源，马氏在书中对制度变迁得失的点评也受到后世史学家的高度重视，成为“十通”中学术成就最高的一部。

二、历史地位

近代著名学术大师严复指出，历史研究者通常偏好读“前四史”，喜爱其文辞典雅，但如果要深入理解近代中国的历史构成，真正需要重视的是宋代历史：“若研究人心、政俗之变，则赵宋一代历史，最宜究心。”原因是：“中国所以成为今日现象者，为善为恶，姑不具论，而为宋人之所早就，什八九可断言也。”这就是说，近代中国的一切制度，十之八九都滥觞于宋代，或者可以在宋代找到其原型，因此宋代制度文化的历史地位之重要由此可见。

▶严复《严复集》第三册《致熊纯如的信》

（一）宋代统治者的规则意识客观上抑制了皇权的无限膨胀

陈亮比较了两汉、唐和宋三个朝代，认为相比于前二者，宋代在崇尚规则、奉行法度方面是最突出的：“汉，任人者也；唐，人法并行也；本朝，任法者也。”这段话同时也批判了宋人被成文制度所束缚而缺乏灵活性和应变能力。从历史上看，无论是与此前的汉、唐相比，还是与此后的明、清两代相比，宋人尤其是宋代最高统治者对规则和制度的重视都是空前绝后的。这一点特别突出地表现在，至高无上的皇权在运行过程中不得不首先考虑遵循制度，臣下也可以根据制度规定驳回皇帝的不合理要求，使得皇权较明、清两代在一定程度上得到了抑制。也正是在崇尚规则、遵循制度的前提下，宋代士大夫才能够比较深入地参与政治，乃至提出“（皇帝）与士大夫共治天下”这样比较理想化的政治口号。相比之下，无论是读书人的社会地位，还是皇权的过度膨胀，都能看出明、清两代在这一点上大大退步了。

▶〔宋〕陈亮《陈亮集》卷十一《人法》

（二）宋代的制度改革在帝制中国基本制度的定型中发挥了重要作用

虽然北宋、南宋都在游牧民族的入侵下享国不久（各存续了不到170年），长期蒙受“积贫积弱”的恶评，但宋人为了回应内外部挑战而进行的制度创新、制度改良成果，很多都被后起的各中央集权王朝所吸纳，从而为帝制中国某些基本制度走向最终定型，起到了承上启下的关键作用。这方面的例子非常多。

宋代对后世影响最大的制度创新是科举制度。宋代自“庆历新政”开始不断提高议论文的重要性，不断强化对经典义理理解的考察，而贬低背诵默写，不断提升程朱理学的地位。元灭南宋后，虽然废止科举40多年，但于仁宗皇庆元年（1312）下诏恢复科举时，就全盘吸收了宋代的这些制度创举：彻底抛弃了对诗赋的考察，重点考察对“四书”“五经”义理的理解，独尊朱熹《四书章句集注》为科举考试标准权威。不但元代科举考试内容和科目设置继承了宋代，明、清两代的分级选拔流程也受到宋代的巨大影响。宋人重视加强州、县学校的建设，北宋徽宗朝推出州县学“三舍法”，要求必须首先通过州县官学的考试，才能被推荐到中央参加省试。这一制度遭到强烈反对，执行未久即告收场，南宋没有施行。但明太祖朱元璋在设计科举制度时，就要求“科举必由学校”（指官办各级地方学校），清代亦继承了这一体制。可以说，元、明、清八百年科举制度的基本要素，都滥觞、萌芽于两宋。

（三）宋人对自身制度弊端的反思为后世提供了有益的借鉴

在开展制度革新的过程中，宋人也不断自省和检讨制度内部存在的弊端。宋人对自身制度弊端的反思和批判，受到后世的重视，为明、清两个王朝的稳定统治提供了有益的前车之鉴。譬如，宋人曾激烈地批判过度的中央集权（强干弱枝），因其导致地方行政集权不够，资源贫弱，不能成为捍卫中央的屏障，北宋的灭亡就证明了这一点；而明、清两代在行省一级设置军政集权的总督和巡抚，就是有鉴于此。又譬如，宋人意识到在宽松的舆论环境下宋代士大夫好发议论，而议论不同又引发错综复杂的党争，导致行政效率和决策效率低下，对突发重大危机反应迟钝，屡失机会。明、清两代统治者对这一弊端也有一定认识，进一步加强了皇帝对政务的直接干预和指示，从而以强化皇权为代价提高了危机反应水平和执行效率。还有，宋人已经认识到，虽然统治集团的精英分子已经基本上由科举出身的士大夫组成，但是荫补制度过于宽松，导致通过这一途径进入仕途的官员在数量上仍然占压倒性多数，而明、清两代大大提高了享有荫补特权的官员的品级要求，压低了荫补入仕者的待遇，从而在源头上控制了荫补入仕的人数。宋代军队以募兵制为主流，常年供养上百万脱离生产的职业士兵，导致国防开支巨大，几乎拖垮了国家财政。明代有鉴于此，设计了兵农合一的卫所制度，减轻财政负担。

这都说明，宋人对自身制度弊端的反思成了后世治国理政的有益借鉴。

三、当代价值

虽然宋代制度的具体细节对当代而言参考价值甚少，但其制度文化中很多原则、精神和特征，直到今天仍有一定的借鉴意义。

第一，在全社会范围内强化公民的规则意识，增强法制观念。尊重成文制度的权威性、稳定性和自洽性，严格贯彻“有法可依，有法必依，执法必严，违法必究”的法制原则，真正树立法制权威的自觉意识与积极态度。在全体公民（包括一切公职人员）中牢固树立守法观念和依法办事观念。

第二，把权力关进制度的笼子里。通过适度分权、多方监督的形式，加强对权力的制约和监督，使权力在正确的轨道上运行，保证权力正确行使，形成不敢腐的惩戒机制、不能腐的防范机制、不易腐的保障机制，构建科学有效的权力运行体系，规范权力运行，有效防治腐败，推动廉洁政治建设。

第三，全面深化制度改革。以史为鉴，宋人虽然敢于开展制度改革，但是改革的力度和意愿不能始终如一，改革的最终走向也违背了初心。这就说明，改革就要以高超的政治智慧和巨大的政治勇气，破除一切不合理的既得利益群体干扰，科学研判，闭环评估制度运行情况，定期清理不合时宜的制度，实现迭代升级。

阅读链接：

何忠礼、范立舟、徐吉军、葛金芳等：《南宋全史》，上海古籍出版社2016年版

何忠礼：《宋代政治史》，浙江大学出版社2007年版

杨渭生等：《两宋文化史》，浙江大学出版社2008年版

包伟民主编：《宋代制度史研究百年（1900—2000）》，商务印书馆2004年版

龚延明：《宋代官制辞典》，中华书局1997年版

第三章　精良裕如的经济生产

在中国历史上，宋代是一个经济快速发展的时代，传统经济开始向现代经济转变，商品经济非常活跃，经济活动的开放程度和专业分工程度越来越高，农业、手工业、商业、城市、货币经济、海外贸易都取得了长足的进步，由此开创了新的历史时期。一方面是生产力达到一个新的高度，另一方面是自魏晋南北朝开启的中国经济重心向南方转移的历程，在宋代得以完成。宋代繁荣的商品经济为市场经济的发展打下了基础，也是当代民营经济崛起的历史根源。宋代富于创新的改革精神也成为当代改革开放的历史动力。

一、基本特征

（一）商品经济得到前所未有的发展

宋代经济发展的主要特征是商品经济有了重大的飞跃，主要表现在城市经济功能的增强与市镇的勃兴，商品交易规模空前，而且商品经济发展能够影响到政治的发展与国家的统一。

在宋代之前，城市主要具备政治、军事的功能，经济功能相对较弱，城市以消费性的商品交易为主。但是宋代有一大批城市的经济功能变得多样化，不仅有消费性商品交易，还成为手工业制造中心。商品交易也不限于日常生活消费品，诸如文化娱乐等服务业也很发达，还有大量海外商品的交易，推动市场规模不断扩大，市场经营时间也有所延长。城市化的发展，还带动了市镇的勃兴，使城市通过市镇而与农村的联系更加紧密，商业气息弥漫于城市之外。宋代各个阶层的人民，从豪门势家到官吏士人、和尚道士与普通平民，也包括人数最多的农民，都卷入商业化的进程之中。农民在农闲时期，为了偿还各种负债，不得不从事各种商业化的经营。人们为了赚取一点点的利润，以满足生活需求，日夜奔走，所谓负贩佣工比比皆是。正是这种商业化的发展，催生了宋代城市的繁华。

随着城市的繁荣与市镇的兴起，市场交易规模日益盛大。宋代城市客商云集，交易量相当可观。北宋东京的相国寺庙会盛况空前，每月有五次定期的交易会。据南宋王栐《燕翼贻谋录》所载，庙会期间，大相国寺的“中庭两庑”就“可容万人，凡商旅交易，皆萃其中”。临安的市场更加繁华，除了国内客商，还有海外商贾也云集于此。临安城内那些经营存放商人货物的邸店，在沿河湖的水岸建造榻房数十所，房屋达数千间，专门租赁给各色商人寄存货物，还雇佣人力在夜间巡警。这样的榻房许多商贸城市也有，但是以临安的规模最大。南宋吴自牧《梦粱录》载：“其他州郡，如荆南沙市、太平州黄池皆客商所聚，虽云浩繁，亦恐无此等稳当房屋矣。”

宋朝与辽、西夏、金在边界地区都设立榷场，进行贸易，元灭南宋之前也有榷场贸易。中原与江南地区向北方输送的主要是农产品、手工业制品、书籍与海外香料，而北方输往南方的商品主要是马匹、皮货、药材、珠玉、青白盐等，交易数额也相当可观。西夏的贸易以与宋朝的贸易为主，而且西夏还把宋朝的茶叶、丝绸、瓷器贩运到西域，又把西域货物贩运到宋朝。榷场由国家设置，因此受政治与战争的影响较大，但是在国家禁止贸易的时候，宋朝与各少数民族政权之间的民间走私贸易却无法禁止。南北的民间贸易还推动了元代大一统局面的出现，可见商品经济的发展能够反过来影响政治的发展与国家的统一。

（二）开放的环境推动生产要素的流动与海外贸易的发展

宋代商品经济的活跃，前提是有一个开放的环境，包括劳动力的自由流动，主要生产资料——土地的自由买卖，以及商品的自由交易。唐代中期随着均田制的崩溃，唐朝政府实施“两税法”，主要针对土地征税，而放松了对人口流动的限制。唐代中期之前，农民与地主之间是有人身依附关系的，农民租种地主土地，不能随意迁徙，被称为“部曲”。但是“两税法”施行之后，农民成为佃户，可以自由迁徙。宋代租佃制更加普及，而且国家法律明确规定佃户如果缴纳田租之后，不再租佃地主的土地，地主不得阻挠其流动，农民的自由度大大提高。当然，宋代还存在人身依附性较强的佃仆制度。尽管如此，仆人与主人之间也是雇佣关系，而且在农业生产中佃仆所占比例较低。

宋代实行土地自由买卖制度，不像之前限制土地的交易，或实行土地分配政策，即所谓的“田制不立，不抑兼并”。国家虽然还拥有部分国有土地，但是很多国有土地民田化，国有土地所占比例越来越低。国家对民间土地买卖不仅不干涉，而且还对土地买卖通过征收契税予以保护。所以宋代土地买卖非常频繁，以致有“千年田换八百主”的民谚。

宋代也是对外开放的时代，宋朝政府一向支持鼓励开展海外贸易，因此海外贸易空前繁荣。宋太宗时就曾派遣使者前往海南诸国，招徕贸易。南宋虽只有半壁江山，但是海外贸易发达，外贸的税收收入成为财政的重要补充。宋代对外贸易的国家和地区分布广泛，除了东亚的日本、朝鲜，还有东南亚、南亚、西亚各国，并远及非洲。宋代进出口货物的种类、数量也比前代大大增加，对外贸易的港口也不断增加。泉州是宋代最大的海港，也是当时世界著名的海上贸易中心。泉州城内有大量外商，主要是阿拉伯人侨居。广州城内也有大量外国客商定居，还设有“番市”供外商交易、“番坊”供外商居住，更有“番学”提供给外商子弟就学。

（三）产业分工的专业化程度加速提高

人类社会自从进入农业时代之后，产业分工就得到了不断的发展，不过在农业社会中，产业分工是比较缓慢的，因此专业化程度较低。但是宋代出现了一个新的变化，就是产业分工明显加快，专业化程度不断提高。

在农业领域，粮食生产与经济作物种植的专业分工越来越明显。农业除了粮食生产之外，更多的经济作物普及起来。西瓜、棉花、甘蔗等都在宋代形成了专门性的种植。此外，药材、蔬菜也成为商品化的种植物。花卉种植也是新兴的专业化种植业，南宋杭州马塍花农的养花技术冠绝天下。宋代江西九江等地还出现了人工培育鱼苗，因此养鱼业也得到了很大的发展。宋代有些山区，如两浙的严州山区较多，主要种植漆树和养蚕，粮食要依靠邻近地区婺州或太湖流域，由此出现了经济作物和粮食作物种植的地区分工。

手工业和商业的分工也有很大的发展，部分地区因集中生产某种产品而发展为全国性或区域性的生产贸易中心。北宋刘敞《公是集》载婺州丝织业非常发达，“民以织作为生，号称衣被天下”。宋代工商业门类众多，分工极为细致。《续资治通鉴长编》卷二六二熙宁八年四月癸未条载，汴京至少有一百六十多行。

宋代经济产业分工的迅速发展主要有两大原因。第一是生产技术的改进。宋代农业生产率的提高是兴修水利、改进耕作技术与生产工具的结果。唐代发明的曲辕犁为宋代所沿袭，但是在此基础上又有重要的改进，就是在耕犁上加装了犁刀。因为这种犁刀是钢刃熟铁装置，大大提高了耕田的效率，而且宋代比唐代的牛耕应用范围更为广泛。宋代的手工业技术进步最为显著，冶炼业无论产量或是生产技术都远高于唐代的水平。胆水浸铜术的推广，大约是在哲宗绍圣初年（1094）至徽宗大观年间（1107—1110），胆铜课额即达100余万斤，至北宋末年乃至187万斤。铜产量的提高很大程度缘于炼铜技术的改进。另外，造船和航海技术的提高、指南针的使用，也极大地推动了海外贸易的发展。

第二是商业化带动产业的专业化发展。宋代与之前的朝代有所不同，商业贸易空前活跃，商业的繁荣带动产业的专业化发展，尤其海外贸易的巨大增长推动了一些产业的兴起。如陶瓷在宋代之前出口有限，晚唐和五代外销才流行起来。宋代是瓷器外销最为兴盛的时期，也是我国瓷器专业化生产的最高峰。宋代有汝、官、哥、定、钧五大名窑，还有各具特色的耀州窑、磁州窑、龙泉窑、景德镇窑、婺窑、建窑等窑系。各大窑系的产品能够满足不同层次人们的需求，而且基本都有外销的产品，甚至还有专门生产外销瓷器的作坊。

二、历史地位

（一）经济发展达到中国传统时代的最高水平

唐代开元、天宝时期是传统中国社会最为鼎盛的时代，但是从经济发展水平而言，宋代超过唐代许多。明清时期的经济总量虽然大大超过宋代，但宋代的生产力最早达到中国传统时代的最高水平，明清时期的生产力基本上维持在宋代的水平。

首先是农业的进步。在传统农业经济时代，人口的增长是衡量农业发展的主要指标。宋代以大观三年（1109）人口最多，计2088万余户，以中国历史上平均一家五口计算，则当时人口已经超过1亿。这是中国人口首次超过1亿，意义重大，其背后的原因最主要的就是土地开垦数量的增长与粮食产量的提高。

其次是手工业有很大的发展。冶炼业中铜与铁产量大幅度提高。传统产业中的茶叶加工、丝绸、陶瓷的产地不断扩大，产量也不断增长，酿酒、制盐等产业的规模都超过了前代。雕版印刷虽然最早出现在唐代，但唐代的印刷术主要应用于民间刻印佛经或者日历，宋代雕版印刷推动了刻书业的发展，官刻、私刻和书坊刻书都很兴盛，而且出现了活字印刷。

再次是在经济总量不断提高的基础上，宋代国家的财政收入也有了巨大的增长，远远超过了盛唐时期。据学者估算，唐代前期财政收入是3411.49万贯，宋代前期财政收入是5875.28万贯。尽管这个估算不一定十分准确，但由此可知，总体上宋代财政收入的总额是远远超过唐代的。财政收入的提高虽然与各个时代赋税政策相关，但是也必须在生产发展的基础上，才可能大幅度提高财政收入。

最后是国家对经济的影响与调控能力大大加强。宋代与汉、唐时代比较，中央集权更加牢固，财权、人事权和军权高度集中于中央，国家力量的增强自然对经济发展带来深刻的影响。最明显的是更多的赋税物资向首都集中，必然带来货物的全国性流动，从而在一定程度上推动商品在全国范围内的流通。中国历史上工商业以官营为主，宋代民间经营工商业得到了很大发展，但官营工商业也得到加强。宋代官营的丝织业有相当的规模，东京的绫锦院，真宗年间有织机400多张，润州织罗务年产量万匹。宋代为了维持庞大的军队，宋朝政府多方筹资，其中一个重要的手段就是对盐、铁、酒、茶、矾等商品实行严密的专营制度，其中又以酒业专营对军费的支持最大。宋朝政府垄断酒业的经营，或是由国家直接经营酒业，或者是对民间的酒坊征收酒课。当时各路、府、州、县都有各种名目的酒库和酒课税场，所得利润或税收，一部分用于养兵，一部分作为地方政府的经费，因此地方政府对经营酒业也非常积极，甚至军队也经营酒业，可以说，宋代的酒业完全是在政府的垄断和推动下发展起来的。

（二）经济重心南移最终完成

一万年前中国就进入了农业时代，南北方各具特色，北方以小米为主，南方以稻米为主。但是夏代以来中国的经济重心都在北方，原因是南方多沼泽，开发难度较大。东汉时期南方加快兴修水利，经济开始较快增长。魏晋南北朝时期北方多战乱，而南方相对稳定，经济发展速度超过了北方，因此出现经济重心向南方转移的趋势。唐代安史之乱以后，国家赋税就高度依赖东南地区。两宋时期南方经济蒸蒸日上，最终完成经济重心南移的历史进程。

首先，南方的农业得到了开发。南方有很优越的发展农业的条件，日照充足，降雨量丰富，一年可以两熟或三熟，复种指数远高于北方。虽然南方多山与丘陵，但是可以开发为梯田，而且还可以种植各种经济作物和经济林木。茶叶在北方种植很少，柑橘、甘蔗和热带水果北方更是无法种植。南方多水域，因此渔业也比北方发达。但是南方多沼泽地，土地需要深耕，因此对水利条件和耕作工具有较高的要求。宋代犁的改进，以及育种、施肥、水利灌溉等技术的改进，使农作物产量大大提高，南方水稻产量高可以达到每亩两三石。宋代，大小麦在南方广泛种植，也增加了粮食的产量。两浙地区圩田的开发和沿海海塘的修筑，使得耕地面积大大增加，两浙地区因此成为全国的粮仓，正如民谣所言“苏湖熟，天下足”。当然宋代南方各地的发展还很不平衡，两浙地区、江西、福建已经开发比较充分，甚至出现人多地少的局面；而两湖、两广的农业还远没有充分开发，有的地区甚至还处于刀耕火种的落后状态，因此南方还有很大的发展空间。

其次，南方的城市规模与市镇数量远远大于北方，而且南方城市以工商业发达著称，因此全国的工商业重心在南方。宋代的城市规模比前代有了大幅度的提高，除了首都东京、临安这样的全国性中心城市之外，其他城市的人口也大规模地增长，但是大城市却以南方居多。以城市人口来分城市等级，东京、临安人口最多，有百万人口左右。次一等级的为10万户约50万人左右，南方的苏州、福州、成都、泉州都曾经有10万户或50万人口的记录。这些城市都是经济发达地区的中心城市或者重要海港。相比之下，北方有10万户人口描述的只有洛阳和仪州等少数几个，其中洛阳作为西京可能有50万人口，但是仪州连路治都不是，应该不太可能有10万户人口。究其原因，北方城市大多是政治性和军事性的城市，聚集的人口除了首都之外不可能很多。而南方城市大多工商业比较发达，如苏州是全国纺织业中心，泉州是最大的海港，因此聚集的人口远远高于北方城市。宋代在县城之下，还出现了城市与乡村之间进行商贸活动的市镇。据《元丰九域志》记载，宋神宗元丰年间全国有市镇1900余个，其中南方诸路约1300个，也可见南方商贸的发达。

最后，宋代的航运重心在南方。交通对经济发展具有重要影响，尤其商品经济必须通过交通而展开。比较而言，水运所载货物量远远大于陆运，因此航运比陆运更加有利于商品经济发展。宋代之前，陆运占据主导地位，而宋代则航运兴盛，海上丝绸之路的重要性远远超过陆上丝绸之路。南方与北方比较，航运具有明显的优势。北方内河航运很少，南方则大部分江河都可以通航，因此水运极为便利。南方的海港也多于北方，对外贸易的港口集中于南方。宋代设有密州、杭州、明州、泉州、广州五大市舶司，四个是在南方。

（三）经济结构开始由传统经济向现代经济转变

宋代的生产力水平不仅达到了传统中国的最高点，也是当时世界生产力的最高水平。宋代经济尽管已经表现出某些传统向现代的结构性变革，但是这种变革还只是初步的，并没有出现大规模的迅速转变，因此它只是处于传统向现代转变的起点。

宋代手工业非常发达，而且随着手工业生产的不断扩大，燃料的消耗也越来越大，因此煤炭的使用变得更加频繁。由生物燃料向石化燃料转变，是传统经济向现代经济转变的前奏。但是，煤炭应用只是限于煤炭丰富的北方，从而形成了宋代以来“北方多石炭，南方多木炭”的能源消费格局。而且，北方地区的煤炭应用并没有引起手工业的根本变革，如以煤炼铁因技术的限制并没有普及，因此，宋代还没有到以煤铁革命推动产业革命的发展程度。

宋代商品经济非常活跃，但是全国性的统一市场还在形成之中。如粮食这样大宗货物的贩卖，仍然还是区域性的流通商品。因为宋代部分地区农业的开发还没有完成，区域性的经济作物种植与手工业发展只是局限于较小的地区，还无法形成全国性的产粮区、经济作物区与手工业制造区的分工。

宋代经济总量有大幅度的提高，因此货币的需求量大幅增长，货币种类也最为丰富。在宋代，常用的铜钱已经无法满足需求，黄金、白银成为流通货币，还使用铁钱这样的贱金属货币，以及盐引、度牒之类的有价证券。北宋还出现了世界上最早的纸币——交子，南宋在东南地区也发行过纸币——会子。两宋纸币的发行量非常巨大，用以弥补金属货币的不足。但是当纸币由国家法定发行，不能与金属货币兑换之时，纸币价值大跌，完全丧失货币的功能。宋代纸币最终又由信用货币回归替代性货币，因此宋代纸币还不能与现代纸币相提并论。

三、当代价值

（一）浙江走在当代市场经济发展的前列

宋代两浙地区，包括现在浙江全省和江苏南部，是当时商品经济最为发达的地区，两浙的杭州、苏州位于大运河与内河交汇之地，因此成为全国内陆航运的中心，也是当时全国最大的工商业中心。杭州在大运河开通之前，不过是钱塘江流域的一个县城，隋代大运河开通之后就成为州城，至唐代则取代越州成为两浙的中心城市，南宋时更成为南方的政治、文化、经济中心。两浙地区一方面通过运河与北方联通，另一方面通过内河航运与沿海港口及内陆地区联通，因此成为全国的经济中心。这种经济格局从宋代形成之后就没有改变过。

宋代以来市场经济的发育主要表现在两个方面：一是从大城市到小市镇的市场网络日益完善，最终形成全国性市场；二是全国性产业分工的形成，明清时期浙江、苏南的城市与市镇构成的市场网络最为细密，包括浙北与苏南的太湖流域成为全国的纺织业中心。浙江的宁绍商人，从明清一直发展到近代，不仅是全国最大的商人群体，而且成为现代工业化的先驱。

1949年之后我国逐步建立计划经济，至1956年社会主义改造完成之后，最终确立了单一的计划经济体制。但是计划经济难以与市场化的产业分工相适应，因此经济发展历经曲折。改革开放之后我国又逐步从计划经济转变为市场经济，经济因此迅速崛起。在历史上市场经济发育最为完善的浙江地区，则成为改革开放的先行者，也成为市场经济的引领者。改革开放初期，浙江在既没有丰富的资源可供开发，又无国家大规模的项目投入，也没有像广东那样大量外商投资的情况下，涌现了一大批专业市场，如温州的纽扣市场、电器市场，路桥小商品市场，柯桥纺织品市场，义乌小商品市场。这些专业市场一举突破计划经济的束缚，迅速带动区域经济的发展，并向全国乃至全球辐射。

改革开放以来，浙江区域经济发展的一大特色就是以市场贸易为起点，占领全国乃至全球市场，然后带动制造业不断升级，成为全国无可争议的市场大省和经济大省。著名的温州模式、义乌模式，都是以专业市场起家，然后由贸易中心向制造业中心转变。浙江的杭嘉湖和宁绍地区，在明清时期就形成了具有全国影响力的商人群体。这些地区在改革开放之后，更早地进行了制造业的升级换代，杭州的数字经济和宁波的现代制造业均领先于全国。

（二）浙江开创当代民营经济之先河

宋代的商品经济是一种全民参与的商品经济，以小农与小手工业者、小商业者紧密结合为主要特征，因此它是以小工商经济为主体的民营经济。

宋代浙江是民营小工商业最为发达的地区。随着家庭织机的兴起，宋代民营丝织业有了很大发展，现在的金华地区在宋代就是一个全国性的民间丝织业中心，婺州“衣被天下”。《宋会要辑稿》食货一八之四载：“义乌县有山谷之民，织罗为生。”山谷之民以丝织业为生，说明丝织业是他们的主业，可见在金华地区丝织业的兴盛。

明清时期是中国商人群体大规模形成时期，浙江的宁绍商人，以及浙江各地不计其数的小工商业群体，如义乌敲糖帮、东阳木匠、永康五金匠人等，都从事民间工商业，因此民营经济是宋代以来浙江经济的一大特色。

中国特色社会主义市场经济，是公有制经济与非公有制经济的结合，没有民营经济就没有非公有制经济的发展，也就没有中国特色的社会主义，因此民营经济是社会主义制度的一大创举。在计划经济年代，浙江各地就有无数的个体工商业者，从事不公开的商品经济。浙江农村，尤其是温州地区，许多所谓的社队企业，实际上是私人企业，许多个体工商业者，也是以集体的名义，从事加工贸易活动。作为传承自宋代以来的民营工商业者，他们都具有实干、勤奋、勇于创新、坚韧不拔的精神。改革开放之后，他们成为第一个吃螃蟹的人，浙江政府也顺应民情，坚定支持民营经济的发展，浙江由此成为民营经济的摇篮。

（三）改革精神推动当代改革开放不断深化

宋代是一个充满变革的时代，各种新生事物层出不穷，富有创新的韵味。在经济发展方面，改革也是贯穿两宋时期的一大主题。面对积贫积弱的局势，变法图强曾经一度是宋代从皇帝到士大夫的强烈愿望。从庆历新政到王安石变法，再到北宋后期新旧党派的纷争，改革的争议一直延续到南宋，其中尤以王安石变法影响深远。

王安石变法虽然没有成功，但是其中包含的现代经济政策还是非常值得肯定的，尤其是试图通过发展货币经济，推动工商业发展与财政税收制度的变革，与现代经济政策非常接近。南宋时期，仍然有一些改革沿着王安石的改革方向努力，朱熹的社仓法是对青苗法的改进，义役法是对免役法的深化，经界法与方田均税法一样要解决税负公平问题。总之，王安石变法至今仍有参考借鉴意义。

宋代的变革包含了现代经济的革新因素，因此，凡是讨论宋代历史得失，讨论中国传统经济向现代转变的研究，都离不开宋代变革这一论题。当代中国推行改革开放政策，宋代的变革更是一个热门话题，其中蕴含的改革精神，也不断激励着改革开放的深化再深化。

宋代是一个大潮涌起的时代，它曾经的波澜壮阔，在迈入新时代的今日，仍然还有回响。

阅读链接：

〔宋〕李焘：《续资治通鉴长编》，中华书局1999年版

〔清〕徐松辑：《宋会要辑稿》，中华书局1987年版

张家驹：《张家驹史学文存》，上海人民出版社2010年版

邓广铭、漆侠：《宋史专题课》，北京大学出版社2008年版

梁庚尧：《南宋的农村经济》，新星出版社2006年版

［日］斯波义信著，方健、何忠礼译：《宋代江南经济史研究》，江苏人民出版社2012年版

梁太济：《两宋阶级关系的若干问题》，河北大学出版社1998年版

郭正忠：《两宋城乡商品货币经济考略》，经济管理出版社1997年版

汪圣铎：《两宋财政史》，中华书局1995年版

包伟民：《宋代城市研究》，中华书局2014年版

第四章　开放包容的社会风貌

两宋时期，统治者为了调整官僚队伍结构，始终把科举取士作为选拔官员最主要的途径和手段，从而完成了中国古代贵族政治向文官政治的转变。中国传统的“农本工商末”观点遭到极大冲击，人们对工商业的社会价值给予充分肯定。随着入宋以后城市坊市分离制度遭到破坏、城市商品经济迅速发展和人们拥有财富数量的增长，商品意识迅速向社会生活的各个角落渗透，行、作、团等新的社会组织形式大量涌现。城市居民的生活追求新异、奢华，带有明显消费性和商品化色彩的城市文化娱乐活动逐渐兴盛起来，都市的夜生活丰富多彩，日益发展为一种全国普遍现象。“市民社会”已具雏形，从而开启了中国社会的平民化进程，呈现出中国古代社会前所未有的开放性。

一、基本特征

（一）城市革命和市民社会的出现

1.城市革命、城市化及其他

在宋代，中国古代的城市发生了一个划时代的变化，呈现出与过去不同的时代特色，这就是西方学者伊懋可（Mark Elvin）等所称的“城市革命”。“这个革命的鲜明特点是：（1）放松了每县一市，市须设在县城的限制；（2）官市组织衰替，终至瓦解；（3）坊市分隔制度消灭，而代之以‘自由得多的街道规划，可在城内或四郊各处进行买卖交易’；（4）有的城市在迅速扩大，城外商业郊区蓬勃发展；（5）出现具有重要经济职能的‘大批中小市镇’。”与前代相比，宋代的城市面貌发生了很大的变化，在许多方面达到较高的发展水平。具体表现为：

◀[美]施坚雅《中华帝国晚期的城市》

第一，城市化程度明显提高，在我国古代处于一个空前绝后的制高点上，不仅远超汉唐，且为明清所不及。按中国台湾学者赵冈、陈钟毅的研究，宋代是我国历史上城市人口比例最高的一个朝代，尤其是南宋，城市人口比例从北宋的20.1%上升到22.4%。日本学者斯波义信通过对福建汀州、庆元府鄞县、江东歙县、浙西镇江府等实例研究，认为“州治所在的县大体上有百分之二十左右的人集中在城市里”，且尚不包括镇以下的坊郭户和短工、游民等。漆侠等估计，北宋时期全国城市人口的比重约占全国总人口的12%，南宋城市人口比重高达13%—14%。

第二，城市规模的扩大和人口的增加，标志着近代城市雏形已经出现。朱瑞熙在其论著《宋代社会研究》中根据《元丰九域志》统计，北宋全境拥有10万户以上的城市约有40多个，到宋徽宗崇宁年间（1102—1106）河南上升到50多个，数量超过汉唐数倍。知名的有北京（今河北大名）、西京（今河南洛阳）、成都、苏州、杭州、江宁（今江苏南京）、福州、广州、鄂州（今湖北武昌）等地区性经济中心城市，遍及全国。还有不计其数的大大小小超过20万常住人口的中等城市。

第三，北宋都城东京（今河南开封）和南宋都城临安（今浙江杭州），与唐代长安（今陕西西安），被西方汉学界并称为中国古代三大国际性的大都城，是当时世界上人口最多、经济最繁华的大都市。北宋首都东京和南宋首都临安，都是人口超过百万的国际大都会，多的时候更是有150万左右的城市常住人口。南宋临安城周边还形成了15个市镇，类似于环绕都城的卫星城镇。

2.城市管理

宋代城市由于快速发展、高度发展，城市化过程中出现了交通拥挤、饮水困难、生态失衡、卫生不良、环境恶化、火灾频频、疾疫肆虐等诸多问题。以房价为例，宋朝城市的房价很高，巅峰时期的开封和临安，土地极其紧张，寸土寸金，住宅紧缺，一房难求，房价可以说是世界第一。市场经济虽然非常活跃，但市井亦随之产生了诸多乱象，造成市场的无序化状态。如市场中一些奸商和有“拦街虎”“九条龙”之类绰号的无赖、破落户，唯利是图，以次充好，乃至公然造假、欺行霸市；同时，抢掠现象迭出，甚至关乎人命的医药也不能幸免；街市上各种骗局层出不穷，被称为“白日贼”的骗徒，在买卖货物过程中采取诸多手法行骗。

城市化过程中的这些问题，促使宋代统治者采取措施，通过建立并完善城市消防体制，加强城市垃圾的处理、病疫的防治等公共事务管理，建立社会救济制度的办法，以积极的姿态应对挑战，由此促成了我国古代城市管理制度的重大创新。按美国著名汉学家施坚雅主编的《中华帝国晚期的城市》里的话来说，即：“大城市变得更大了，城市人口大大增长了，城市体系的结合更紧密了；但在所有这些变化中，最重大的变化却是原为都邑的中心地的比例大为减少了。城市发展的这一特点，是一场不断推进着的革命的信号，这场革命是整个社会的管理方式上的革命。”特别是厢坊制的确立，使各项管理职能得以加强。在中央工部所属都水监下，设置街道司、河渠司、沟河司等机构，与各级地方官府共同管理所在城市的水陆交通。以北宋东京城的政府管理为例，统治者为加强东京城公共事务的管理，设置三个系统：一是作为东京城管理核心机构的开封府行政系统；二是设有厢典、书手、街子、行官等职位的厢坊系统，主管检验救火、督察盗贼等行政事务，并负责把每个厢坊的居民组织起来，共同参与城市管理；三是建立军巡制与军巡捕的军事系统，负责掌管巡逻和追捕盗贼等职责，并与各级机构相配合加入城市管理。

东京城这种全方位、多层次的城市立体管理机构的设置，具体体现在对城市规划、城市交通、公用设施、土地使用、居民饮水、环境卫生、消防安全以及街道、沟渠的维护与管理上，使其焕发出生机与活力，在某些方面体现出现代城市管理的特点，从而在中国城市发展史上创造了不小的奇迹，至今仍闪烁着独特的光芒。以城市交通为例，东京、临安作为王朝的政治中心，驿路和运河通道通向其他各地，由此形成一个严密的、畅通的水陆交通网。在住宅上，统治者为了缓解住房压力，维护社会安定，推出廉租房制度。廉租房不仅房租价格低廉，在灾荒时节还予以部分减免。以城市消防为例，政府对防火高度重视，管理制度较有成效，为后世的城市消防制度开创了先例。其时东京、临安等城市建立了非常完备的防火组织和专门的消防队，组织严密，设备齐全，称为“潜火队”，是世界上最早的一支城市专业消防队；特别是南宋中叶以后临安的消防组织和措施，“是当时世界上所有城市最完善的，已与近代城市的消防组织相类似”。据统计，临安共有防隅军兵二十队、潜火军兵七队，总人数达到了5100人。同法国巴黎于1699年建立的第一个消防队相比，要早490余年。饮用水的供应和保护，生活垃圾的处理等，也比过去有了较大的进步。

3.“市民社会”的雏形

在这一时期，中国历史上第一次出现了城市平民阶层，呈现出中国古代社会前所未有的时代开放性。入宋以后，随着城市坊市分离制度的破坏、城市商品经济的发展和财富的增长，商品意识也在迅速地向社会生活的各个角落渗透，知识产品已经商品化，并在一定范围内建立了知识产权保护制度。城市居民的生活已颇为自由、追求奢华，产生了对城市社会生活娱乐区的需求，使宋代带有明显消费性和商品化色彩的城市文化娱乐活动日益兴盛起来，成为一种普遍的文化存在。市民阶层的出现、世俗文化与世俗经济的形成与繁荣，意味着中国“市民社会”已具雏形，开启了中国社会的平民化进程。

4.市民文化的勃兴

有宋一代，市民文化勃兴。带有明显消费性和商品化色彩的城市文化娱乐活动日益兴盛起来，成为一种普遍的文化存在。各大城市中，出现了众多独立的供人们娱乐消费的综合型游艺场所。据《东京梦华录》卷二《东角楼街卷》载，北宋京城汴京瓦子遍布，有勾栏50余座。南宋首都临安城内外的瓦舍多达23处，其中仅北瓦就有勾栏13座。瓦舍里汇集了丰富多彩的娱乐活动和伎艺表演，尤其是在节庆之时，更是无比繁盛，演出不受时间的限制和气候的影响，“不以风雨寒暑，白昼通夜，骈阗如此”。琴棋书画等高雅艺术也是枝繁叶茂、风格多样，并越来越呈现出专业化的趋势。话本、杂剧和流行曲谱的增多，文学社团的形成，艺术品交易市场的出现，这些都不断丰富着城市生活的内涵。特别是五花八门的休闲活动，成为吸引城市居民和外地来客的重要因素，有力地促进了市民文化的发展。诚如法国著名汉学家谢和耐（Jacques Gernet）所著《中国社会史》所说：“（中国）11—13世纪的人要比唐代、六朝或汉代的人更频繁地和更乐于迁徙……农村生活的艰难、城市小业主的数目之巨和名目繁多、城市的吸引力、财富和娱乐中心等，这一切都引发了流民和贫苦农民涌向大城镇的浪潮。”

都城市民的社会观念和生活消费风尚更是领先于全国。中国传统的“农本工商末”观点，在这里遭到了极大的冲击，人们对工商业的社会价值给予了充分的肯定，从而使社会上出现了全民皆商的新风尚。中国封建社会传统的重男丁观念，在民间得到了颠覆。这里讲求效率和速度，现代意义上的快餐店、旅游图、旅游纪念品，在都城中随处可见。简体字已经开始应用。与此同时，市民也追求自身的物质和精神享受。在过去，人们往往将市民这种“颇为自由、放纵，过着享乐的日子”视为奢侈之举。其实，这是一种片面的、带有封建落后观念的旧见解，与时代格格不入，因为他们忽视了市民高度卓越的创业活动和创业精神，无法理解生产与消费两者之间的密切关系。城中酒楼茶馆等店铺、市场热闹喧哗，勾栏瓦子、书肆、会社、学校、寺观等的繁多，正显示城市经济、文化的蓬勃生气和活力，引导了社会经济和文化的竞争性、开放性，显示出超越旧传统的新时代景况。

（二）宋代的社会组织

在宋代，行、作、团等新的社会组织形式大量涌现。

1.会社的盛行

商品经济的发展，促进了社会交往的发达，人们的交往范围已不再局限于狭窄的小圈子里，那种疏于交往的习惯正在得到改变。由于城市人口稠密，城中各种商贩士庶人物杂处，大大增加了不同阶层人士交往接触的机会，使他们之间更为息息相关。南宋临安城中有许多聚会场所，种种团体会社的组织，诸如参加科举的士子结成的科举会社，以及文学、竞技或宗教性质的会社相继出现。其中著名的有西湖诗社，它网罗了城中名士和四方流寓儒人，竞相赋咏，各逞诗词，对于十二三世纪中国文学艺术的发展颇有影响。此外，军人武士们有射弓踏弩社，风流子弟们有蹴鞠、打球、射水弩社，奉道者有灵宝会，又有锦体社、台阁社、穷富赌钱社、遏云社、女童清音社、苏家巷傀儡社、青果行献时果社……名目繁多的会社，为市民提供了众多的社交场所，也创造了广泛的接触机会。

2.官商结合的行会组织

行即市场的组织，作是手工业作坊的组织。它们是官商结合的行会组织，为官府对城市进行有效管理的一种手段。在中国，长期流行着这样一句俗语："三百六十行，行行出状元。"这说明在人们的心目中，"三百六十行"已经是行业最细的划分了。然而，在南宋都城临安，其行业划分远比这细化得多，达到了"四百十四行"，比北宋宋敏求《长安志》卷八《次南东市》载唐代"市内货财二百二十行"增加了近一倍。其中，做靴鞋者名双线行，开浴堂者名香水行，买卖钻珠子者名曰散儿行。每个行会由一个会长主持，会长对会员们有约束能力，要求会员们绝对团结。曾于9世纪前后到过中国的阿拉伯商人，都异口同声赞扬中国商人在金钱交易和债务方面的诚实可信。

（三）社会阶层的流动

1.科考成为寒士入仕的主要途径

科举制度始创于隋，形成于唐，完备于宋代，发达于明代，至清末被罢废，存在十三个世纪之久，在中国历史上产生过重大影响。宋代为了调整官僚队伍结构，始终把科举取士作为选拔官员最主要的途径和手段，从而完成了中国古代贵族政治向文官统治的转变。司马光《贡院乞逐路取人状》云："国家用人之法，非进士及第者不得美官。"《宋史》卷一五五《选举志一》载："宋兴六十有二载，天下乂安。时取才唯进士、诸科为最广，名卿巨公，皆繇此选，而仁宗亦向用之，登上第者不数年，辄赫然显贵矣。"其目的在于为下层地主阶级乃至自耕农民、工商杂类提供进身之路，以扩大统治基础。在这一时期，取士人数之多，可以说是空前绝后的。两宋通过科举共取士115427人，平均每年取士361人，年均数是唐代的5倍、元代的30倍、明代的4倍、清代的3.4倍。像范仲淹、王安石、司马光、欧阳修、韩琦、富弼、文彦博、寇准、晏殊、张方平、曾巩、刘敞、蔡襄、苏轼、苏辙、苏颂、沈括等一代名臣，都是通过科举考试涌现出来的。在此背景下，社会上出现了"满朝朱紫贵，尽是读书人"的现象。

◀张希清《论宋代科举取士之多与冗官问题》

◀［宋］张端义《贵耳集》卷下

2. 农民工进城

据王曾瑜先生研究，"宋朝形成了新的社会阶级结构。由唐朝中叶以前的门阀士族和均田户、部曲、奴客、贱民、番匠、奴婢等旧的社会阶级结构，转变为宋朝的官僚地主和佃客、乡村上户、乡村下户、差雇匠、和雇匠、人力、女使等新的社会阶级结构。这是中国古代社会内部阶级关系的一次重大变化，这是一次社会生产关系

▶ 王曾瑜《宋朝阶级结构》

的调整，这一变化逐步由法律肯定下来”。在这一时期，随着商品经济的发展，农民在法律上可以自由迁徙，自由地离土离乡，转向城市从事手工业、商业活动，这是历史的一大进步。

都城消费人口多，谋生手段也多，特别是官私手工业和服务行业中普遍存在着大量雇工的现象。因而这里的生存空间也最大，机会最多，成为流动人口改变人生的首选之地。于是，三教九流的人都到京城谋生，以寻找更好的生活条件。正如孟元老《东京梦华录》卷五《民俗》所说：“以其人烟浩穰，添十数万众不加多，减之不觉少。”南宋临安同样如此。据吴自牧《梦粱录》卷一九《雇觅人力》记载：“凡雇倩人力及干当人，如解库掌事，贴窗铺席，主管酒肆食店博士、铛头、行菜、过买、外出鬙儿、酒家人师公、大伯等人，又有府第宅舍内诸司都知太尉、直殿御药、御带、内监寺厅分，顾觅大夫、书表、司厅子、虞候、押番、门子、直头、轿番小厮儿、厨子、火头、直香灯道人、园丁等人，更有六房院府判提点，五房院承直太尉，诸内司殿管判司幕士，六部朝奉雇倩私身轿番安童等人，或药铺要当铺郎中、前后作、药生作，下及门面铺席要当铺里主管后作，上门下番当值安童，俱各有行老引领。”“如府宅官员，豪富人家，欲买宠妾、歌童、舞女、厨娘、针线供过、粗细婢妮，亦有官私牙嫂，及引置等人，但指挥便行踏逐下来。”“欲出路、还乡、上官、赴任、游学，亦有出陆行老，雇倩脚夫脚从，承揽在途服役，无有失节。”数以万计的农民到城市寻找就业机会，成为作坊、店铺等的雇工，从事服务业和体力劳动。王柏《鲁斋集》卷七《社仓利害书》载：“农户秋成之时，百逋丛身，解偿之余，储积无几，往往赴贩佣工以谋朝夕之赢者”“比比皆是”。

3. 商人社会地位的提高

在“工商亦为本业”思潮的影响下，传统的“贵义贱利”价值观念在社会上日趋淡薄，市民们趋利逐末，士商渗透和官商融合蔚然成风。工商阶层的社会作用得到了朝野上下及民间的承认，其社会地位也相应提高。

在中国漫长的封建社会里，统治者长期实行“重本抑末”“重农轻商”的国策。然而，在宋代，由于社会生产力水平的提高，尤其是商品经济的发展明显超过了前代，人们的经济观念呈现出转折时期的鲜明特征。传统的“重本抑末”“重农轻商”这一观念发生了根本性的变化，“农本工商末”的传统观点已在宋代得到了否定，人们对工商业的社会价值给予了充分的肯定。在这一时期，朝廷奖掖商业经营，关怀商旅。而文人士大夫更是对传统的“农本工商末”观点进行了有力的批判。如以天下为己任的范仲淹发出了“吾商则何罪？君子耻为邻”的呼喊，对社会上抑商、轻商的观念进行了强烈的谴责。而南宋时的陈耆卿、叶适更是旗帜鲜明地认为工商业是“本业”。如陈耆卿说：“古有四民，曰士，曰农，曰工，曰商。士勤于学业，则可以取爵禄；农勤于田亩，则可以聚稼穑；工勤于技巧，则可以易衣食；商勤于贸易，则可以聚财货。此四者，皆百姓之本业，自生民以来，未有能易之者也。”叶适也尖锐地指出：“夫四民交致其用，而后治化兴。抑末厚本，非正论也。”正是在这种社会氛围下，商人的社会地位也有了明显的提高，他们可以以合法的身份参与科举考试，跻身于仕宦行列。

◀《范文正公文集》卷二《四民诗·商》

◀《嘉定赤城志》卷三七《风土门·重本业》

◀叶适《习学记言序目》卷一九《史记一》

（四）社会上浓厚的崇学氛围与发达的教育

宋代官学、私学并盛，书院教育空前发达，影响深远。

1. 勤学好文蔚然成风

宋代统治者实行重文的国策，故社会上崇学氛围浓厚，勤学好文之俗盛行。整个社会弥漫着“学而优则仕”“万般皆下品，唯有读书高”的浓厚氛围。如在福建地区，百姓们均奉行“家贫子读书”为圭臬，“非独士为然，农、工、商各教子读书，虽牧儿馌妇亦能口诵古人语言”。两浙地区的好学之风更胜于福建。袁桷说：“温与闽地，犬牙相入，俗秀而矜絜，子弟胜衣能文词，父兄相与言，命束装负书，以行四方，劘切感动，约不有所就不复见。”绍兴“自宋以来，益知向学尊师择友。南渡以后，弦诵之声，比屋相闻”。苏州“父笃其子，兄勉其弟。有不被儒服而行，莫不耻焉”。江西文风之盛不逊于两浙，如饶州风俗“为父兄者以其子与弟不文为咎，为母妻者以其子与夫不学为辱”。即使是过去被人们视为蛮夷落后的岭南地区，同样弥漫着好学的风气。《舆地纪胜》卷九三载广东南雄曰：“其俗一而不杂，其风淳而不漓，其人所训习多诗书礼乐之业……本朝以来，操翰墨以取青紫者比比相属。”

2. 官学和私学并盛，书院教育空前发达

宋代统治者大力发展教育，官学和私学并盛。如在南宋都城临安，既有主管全国文化教育的最高机构——国子监，又有全国最高的学府——太学，最盛时有学员2000余名。此外，这里还有中央兴办的武学、宗学、律学、算学、书学、画学、医学等全国性的学校，以及府学、县学。这些学校的设立，不仅促进了临安教育事业的繁荣，而且也使临安的学风有了根本性的改观。乡校、家塾、舍馆、书会等教育机构，每个里巷都有一两所，学生的读书之声往往相闻。由此，居民的文化程度极高，达到了“家能著书、人知挟册”的程度。除了都城外，地方州、县学校及书院、私学的基础教育也不错，如南宋建康府学的校舍有125间，庆元府学的学生数达数千人。特别是书院这种中国特有的教育组织形式，在宋代空前发达，与地方官学相互辉映，构成宋代特有的教育景观。

（五）孝道观念

孝道是中国传统文化特有的一种观念，是古代维持家庭组织结构和维护国家统治秩序的理论基础。宋代统治者和儒家士大夫继承了孔孟之道，极力提倡孝道，认为“人生天地之间，所以异于禽兽者，谓其知有礼义也。所谓礼义者，无他，只是孝于父母、友于兄弟而已”。真德秀在潭州《谕俗榜文》中就说：“古者教民必以孝弟为本，其制刑亦以不孝不弟为先。盖人之为人，异乎禽兽者，以其有父子之恩，长幼之义也。”除儒家极力倡导外，宋代佛教也强调孝道观念。如北宋高僧契嵩就撰写了《孝论》十二章，全面而系统地阐述了儒释两家各有其治、不可偏废的观念。在文章中，他对儒家的孝道大加褒扬，极力推崇，并注意在理论上调和出家修行与在家孝亲的矛盾，指出：“夫孝，天之经也，地之义也，民之行也。至哉，大矣，孝之为道也夫！”强调儒家孝道的至高无上和佛教对君亲竭尽忠孝的必要性，认为出家人最大的孝道就是为父母的来世求福：“以儒守之，以佛广之；以儒人之，以佛神之；孝其至且大矣！”

◀胡颖《因争财而悖其母与兄姑从恕如不悛即追断》

◀契嵩《镡津集》卷三《孝论戒孝章第七》

（六）礼制与民俗

1. 宋代的礼制建设

与古人一样，宋代统治者对礼制建设非常重视，提出“圣王制世，莫重于礼，事不由于礼，无巨细皆不可行”。为了整饬礼仪，敦

◀李复《潏水集》

厚风俗，宋代统治者曾多次颁布新的礼仪，严立禁约，并编撰了不少国家礼典。其中影响较大的就有《开宝通礼》《礼阁新编》《太常因革礼》《元丰新礼》《政和新礼》《中兴礼书》《中兴礼书续编》等书。遗憾的是这些官方礼典并没有全部保留下来。

宋代许多著名的士大夫，也在官修礼书的同时，纷纷著书立说，编订家庭礼仪方面的著作，畅谈自己的观点，希望以此影响社会大众。其中，司马光《书仪》被认为是北宋最著名的家礼文本，多为当时和后来一些士大夫所遵奉。南宋时，鉴于官府《五礼新仪》的废除和司马光《书仪》等私家礼书的缺陷，人们迫切希望有一部具有广泛适应性、可供庶民之家参考和遵循的家庭礼仪著作。朱熹主张应根据时代和社会的发展革新礼仪规范，他采纳前辈司马光、程颢、程颐、张载等人的思想，并吸收大量存在的民间俗礼，在对古礼进行大刀阔斧的删减的前提下，制定出合乎时宜的民间家礼，撰成《朱子家礼》。它为平民百姓的参考使用留有较大余地，可以因人、因地、因时而异。由于《朱子家礼》具有以上特点和长处，加之在朱熹的名下流传和推广，其影响不断增大。至明、清两代，《朱子家礼》成为后世礼制的蓝本。

2.“风行俗成，万世之基定”

引导风俗对维护封建统治具有举足轻重的作用，古人所说的“风行俗成，万世之基定”，便是这个意思。对此，宋代统治者深有体会，普遍认为国家的治乱兴衰与社会风俗的善恶是密切联系在一起的。如司马光说：“窃以国家之治乱本于礼，而风俗之善恶系于习。”苏轼说：“夫国家之所以存亡者，在道德之浅深，不在乎强与弱，历数之所以长短者，在风俗之厚薄，不在乎富与贫。道德诚深，风俗诚厚，虽贫且弱，不害于长而存。道德诚浅，风俗诚薄，虽强且富，不救于短而亡。”又曰：“人之寿夭在元气，国之长短在风俗。”由此，统治者在执政过程中善于通过“移风易俗”来加强对民众的教化和引导，推行其治国之策，从而实现“风行俗成，万世之基定”的统治目的。

例如，在婚姻礼俗上，唐代基本遵行古代婚姻六礼：纳采、问名、纳吉、纳征、请期、亲迎。而至宋代，六礼多废，简化为纳采、纳币、亲迎三礼。古代婚礼不道贺，不作乐。宋代女子出嫁以花饰衣冠，坐花轿，以声乐迎导，以及新婚夫妇拜天地、当日庙见、吃交杯酒等礼节习俗，都对古代婚姻礼制进行了革命性的改变。此种在社会上广泛流行的新的礼仪习俗，为最高统治者及道学家所认可，为后世所遵循沿用。针对当时婚姻论财、“榜下捉婿”、早婚和缛节陋俗的现象，一些政治家著书立说，更新婚姻观念，极力提倡文明婚姻，力图进行改革，移风易俗，冀望形成他们所认为的“美俗”或“良俗”。

二、历史地位

随着商品经济的繁荣，宋代形成了一大批大都市，已经背离了传统的格局，进入真正的“城市革命”时期——第一次出现了城市市民阶层，呈现出中国古代社会前所未有的时代开放性。特别是南宋时期，市民阶层更加壮大，市民社会开始形成，开启了中国社会的平民化进程，美国、日本等国的学者普遍把宋代称为“近世中国之滥觞”。以后元、明、清三代的城市模式和格局，基本上都是在宋代城市模式的影响下发展起来的，由此亦可见宋代城市在中国古代城市发展史上的地位和影响。

与此同时，宋代统治者注重“蒙以养正”“化民成俗”，编制的《三字经》《百家姓》《千字文》等，成为南宋及其以后流行最广的启蒙读物。作为“礼下庶人”得到落实的时期，它实现了中国礼制上的重大转变，成为明清礼典的榜样。晚清的大思想家严复在写给熊纯如的信中曾这样说道：古人喜欢读“前四史”（《史记》《汉书》《后汉书》《三国志》），是因为它们文字优美。如要研究政治、风俗和人的思想，宋代是最值得注意的。中国今日的许多现象，好坏不论，大多是宋朝开始出现的，这种说法离事实不会太远。这一时期在继承前代的基础上形成的风俗观及移风易俗实践，开启并影响着后世的民俗发展，它们共同构成了中国民俗文化长河的奔涌长流。

三、当代价值

宋代，特别是南宋时期，较之前代，社会文化素质普遍较高，人们的精神积极向上。这是文明全面提升的社会形态，彰显了人文之美，至今仍影响着后人，特别是浙江人的日常生活和价值观念。

当前，我省正在以高质量发展建设共同富裕示范区，在浙江大地率先展现共同富裕美好社会的基本图景，以浙江的先行探索为全国推动共同富裕探路。鉴古知今，传承“开放包容”的社会品格，有助于推动经济社会发展和文化交融，提升文化软实力和区域竞争力；倡导“不学礼，无以立”的社会价值规范，有助于形成社会团结和睦的文明图景。研究宋代平民阶层兴起和壮大的社会机制，则有助于探索形成推动收入分配格局优化、中等收入群体显著扩大的体制机制。同时，宋代科举制度、学校教育在培养人才、选拔人才，以及移风易俗上的实践，对当今的国家治理也有一定的借鉴作用。

阅读链接：

朱瑞熙：《宋代社会研究》，中州书画社1983年版

王曾瑜：《宋朝阶级结构》（增订版），中国人民大学出版社2010年版

王善军编：《宋代社会史论集》，吉林大学出版社2014年版

王瑞明：《宋儒风采》，岳麓书社1997年版

徐扬杰：《宋明家族制度史论》，中华书局1995年版

梁太济：《两宋阶级关系的若干问题》，河北大学出版社1998年版

第五章　丰盈乐活的百姓生活

与前代一样，宋朝统治者对百姓生活有着严格的规定。以住房为例，凡平民百姓之家，不得施重拱、藻井及五色文采为饰，并不得四铺飞檐。其房屋允许五架，门一间两厦而已。景祐三年（1036）八月，又作了详细的规定：天下士庶之家，屋宇非邸店、楼阁临街市，不得为四铺作及斗八。不是有身份的官员，不得建造门屋。不是宫室、寺观，不得彩绘栋宇及间朱黑漆梁柱窗牖，雕镂柱础。

但随着宋代商品经济的发展和繁荣，普通民众的生存环境明显得到改善，生活水平得到较大提升。人们在解决了温饱问题之后，自然而然地讲究起生活方式，带动了衣食住行等生活各方面更高品质的追求，吃讲营养，穿讲漂亮，住讲舒适，用求名牌，已成为宋人，特别是都城市民们追求新的生活方式的新动向，由此出现一股去朴从艳、好新慕异的风气。人们的衣食住行、婚丧嫁娶和宴会社交、文化娱乐等生活方式各个方面都发生了深刻的变化，社会生活趋于世俗化、人文化，形成了新的社会生活方式和风尚。

一、基本特征

（一）生活品位，雅俗并存

宋人讲究生活美学，注重生活与艺术的调和，无论饮宴聚会、文人雅集、居家生活、书斋装饰、燕闲清赏都讲究品位，精致典雅的士大夫文化或称雅文化得到全面发展。

以宋代的饮食文化为例，这一时期大放异彩。随着宋代经济的发展繁荣，食材和食物越来越丰富，品种繁多，人们的生活条件较之前代有了很大的提高，当时的饮食已经从过去的一日两餐改为一日三餐。饮食结构有了重大的变化，日常食品、饮品的种类，既有各种主食和菜肴，又有茶、酒、汤和水果等，尤其是果子的出现对中国饮食文化的发展具有承前启后的重要作用。豆芽作为蔬菜食用，始于宋朝。其时，菜肴的制作技术大幅度提高，饮食雅化，显得细腻精致。其中，仅南宋文人林洪撰写的笔记《山家清供》一书就记录了一百余种美食的名称、原料与制作方法，涉及菜、羹、汤、饭、饼、面、粥、糕团、点心等。这一时期出现了发酵技术和炒菜方法，人们用发酵技术制作蒸饼、馒头等面食，用炒的方法制作菜肴，改变了过去煮、炸、烤霸占烹饪领域的状况。都市饮食业发展迅猛，商业化程度极高，仅北宋东京的著名酒楼就有72座。各地饮食口味的嗜好呈现出鲜明的地域特色，大抵上是南人饭稻羹鱼，嗜咸；北人食物以麦粟和禽肉为主，嗜甜，其中中原地区及城市人食淡。于是，川菜、粤菜、浙菜、京馔等菜肴体系便脱颖而出。在当时，人们多以茶果待客，客至设茶，辞则点汤，乃天下通俗。与此同时，人们不仅追求食物的色香味，而且开始重视饮食的卫生和食疗养生保健功用，“食医合一”成为宋代饮食文化不可或缺的内容之一，这在京城中体现得尤为突出。如孟元老《东京梦华录》卷五《民俗》载：“凡百所卖饮食之人，装鲜净盘合器皿，车檐动使，奇巧可爱，食味和羹，不敢草略。”文人士大夫注重饮食的精神文化享受，将饮食视为一种精妙的艺术而乐在其中，因此扫雪烹茶、拥炉烧酒等雅事比比皆是，其饮食文化成为中国饮食文化一大特色。而一些有识之士还针对社会上饮食奢侈浪费现象，提出了节俭淡泊的观点，他们反对纵欲任性，崇尚素食菜羹、节制饮食，倡导自然之味，为今日的民族健康提供了思想导引，同时也成为博大精深的中华民族文化的闪光点。

服饰是人们日常生活的主要内容之一。在阶级社会中，它不仅仅是为了满足人类本能的御寒暑需要，满足人类本能的装饰欲望，而且是作为等级的标志而出现的。中国历代社会都十分重视冠服之制，并用礼法加以约束，“贵贱有级，服位有等”，因此，服饰的变动一般都不大。这正如《阅世编》的作者在书中所说：“一代之兴，必有一代冠服之制，其时尚随时变更，要不过与世迁流，一新一时耳目，其大端大体终莫敢易也。”在宋代，服饰成为人们体现自己意趣、财富和身份地位及价值观念最直接、最普遍的途径。南宋周煇《清波杂志》卷八《垂肩冠》就说：他小时候见妇女装束，数年即一变。如他过去常见的高冠长梳，名“大梳裹”，非盛礼不用。但几十年后则非常罕见，被人们称为新奇之物。这种日新月异的服饰风尚，以至突破贵贱等级的阶级堤防，波及宋代社会的各个阶层。不论是服色、服式，还是腰带、头饰或其他佩件的限制，这些礼仪上的细节，几乎被直接、间接地破坏殆尽了。士民们不仅公然穿着这些违

▶〔汉〕贾谊《新书》卷一《服疑》

禁衣饰在大街上昂首阔步，而且这些违禁衣饰在市场上公开出售或作为市民们婚嫁时必备的彩礼之一。贵族——特别是贵妇，有使用香水的习惯，他们当时追求的名品是出自南洋的蔷薇水。临安市场上的蔷薇露“用琉璃瓶儿盛卖，每瓶直钱百三二十钱以上，更看临时商量何如。殿阁贵人多作刷头水及修合龙涎、花子、数珠、背带之属”。这种风尚不唯富家为之，而中产之家亦极力跟风模仿。后宫白天有新潮的服饰，晚上已经开始流行于民间。宫中刚有好的物品制造出来，第二天这东西也遍布于京城内外了。有鉴于此，马可·波罗说13世纪时的杭城，可谓将豪华、奢侈、高雅等特色汇集于此地，乃是当时一切雅美精致的中心。

此外，宋代焚香、点茶、挂画、插花等“四艺”普及于街坊市井，琴、棋、书、画、词、酒、花、茶、香、石号称“十雅”，影响及于各个社会阶层。

（二）生活状态，趋向闲适

当人们的物质需要得到一定的满足之后，便愈加渴望精神上的欢乐，希望在丰富多彩的文化娱乐中陶冶情操，得到美的享受。正如李泽厚先生在《美学三书》中所指出的那样：“宋代的时代精神已不在马上，而在闺房；不在世间，而在心境，人的心灵意绪成了艺术和美学的主题。”于是，百姓喜闻乐见的文化娱乐生活亦相应得到了长足的发展。这种趋向闲适的生活状态，主要表现在以下几个方面：

1.岁时节日民俗蓬勃发展

宋代的节庆民俗活动多彩多姿，特色鲜明，春节、元宵、寒食、清明、社日、端午、七夕、中秋、重阳、除夕等岁时佳节，以及各种名目的宗教和政治节日，构成了绚丽多姿的风俗长廊和人文景观。特别是经济的繁荣，使当时的节日与商业活动密切结合，刺激民众消费，又以消费拉动生产。这种“假日经济”，促使民俗的内容更加新颖丰富，更加隆重繁盛，关扑、元宵观灯赏戏、清明踏青、龙舟争标、放风筝、荡秋千、蹴鞠、打球、斗鸡、驰马、拔河、相扑、赏月、观潮弄潮、水戏、登高爬山、踏歌观舞，以及郊游野餐、赏花宴饮等充满娱乐色彩的节日活动，让民众放情自然的适意和消遣，纵情欢娱，过得快乐，感受到人生的情趣，从而逐步形成了一些全国性的民俗，影响及于后世。

2.举世重交游

宋代堪称“举世重交游”的时代，米芾《方回帖》中所说的“终日对客，无可暇适”，是当时社会风俗的真实反映。其时社会各阶层的人际交往十分活跃，交往对象非常广泛，亲友、同学、同年、师生、僚友、世交、同乡、方外等均有其各具特色的社交圈子，其中最为活跃的当为士之交游。以各种社会关系而形成不同形式的交游，有其独特的交际礼仪和习俗。宋代的相见礼仪大体上可分为两类：一类是官场上的仪制，其特点是繁文缛节和等级观念；另一类是士庶交往的民间礼仪，也有不少具体规则。据文献记载，宋人见客一般均穿常服，但须衣冠端正。待客座次，传统的《曲礼》主张“主人就东阶，客就西阶”。宋人在传统的基础上有所革新。沈括说：“古人尚右，主人居左。坐客在右者，尊宾也。今人或以主人之位让客，此甚无义。”司马光主张与宾友相接，当正襟危坐。南宋朱熹主张不以官品，而以年龄大小排座次。随着生活习惯的改变、椅子等的广泛使用，宋人待客的方式也从席地的“盘腿坐”发展到“垂足坐”。拜礼是宋代最为广泛的相见礼仪之一，但已远不如古，朱弁说："客有初相见者，必设拜褥（垫），虽多不讲拜，而遗风尚存。"古人习以为常的跪拜，至宋代演变为只屈一膝的"雅拜"为主。万福是宋代民间相见时最为流行的问安礼。男子相揖，妇女万福，为天下通行之礼。

3. 文化娱乐业发达

宋代文化娱乐业发达，各大城市出现了众多独立的供人们娱乐消费的综合型游艺场所。北宋东京开封和南宋都城临安在瓦子数量、艺人人数和场所的硬件设施等方面，是全国其他城市所无法相匹的。就瓦舍数量来说，临安城内外总计有20多处。有些规模极大，如位于御街北段众安桥南的北瓦，里面有勾栏13座之多，是众瓦中最多的。大的勾栏可以容纳一千余人。瓦舍设有早、晚场。早场在凌晨五更便已开始，而夜场则至深夜关门。表演不受时间限制，不受气候变化影响。里面配置有相应的灯光设施和扩音设备。通风设施齐全，可遮拦风、雨、雪，使冬天不至于太冷，夏天不至于太闷热，以保证全天候演出。瓦舍中表演的节目"百戏杂陈"，名目繁多。据《梦粱录》《武林旧事》等书记载，有唱赚、诸宫调、转踏、大曲、清乐、小唱、弹唱、京词、崖词、耍令、商谜、相扑、女飐、踢弄、踏索、打硬、举重、射弩、竹马、蛮牌、神鬼、扑旗、夹棒、吟叫、合生、象生、道情、泥丸、头钱、沙书、弄水、舞旋、舞绾、鲍老、筑球、下棋、小说、烟火、说药、捕蛇、消息、参军、杂剧、院本、鼓子词、说诨话、学乡谈、教走兽、乔相扑、教飞禽、教虫蚁、装秀才、放风筝、七圣法、划旱船、耍和尚、村田乐、马后乐、藏去之术等六七十种伎艺。瓦舍中除有勾栏演艺服务外，尚有一整套与其相关的服务设施，如茶坊、酒肆、饮食店铺、歌楼、妓院、浴堂等，融赏、吃、赌、嫖、玩等感官享乐于一身，使人们在此获得全方位的娱乐与满足。临安城内外从事艺术的人员更是众多。仅据周密《武林旧事》卷四《乾淳教坊乐部》所载，教坊乐部著名艺人有469人，同书卷六《诸色伎艺人》载民间有名可考的著名艺人529人，两者合计998人。如果再加上不知名的及街头卖艺的百戏之人，则人数当在数千人左右。当时，许多外地流寓临安的艺人还在这里建立了社会组织。如福建籍艺人在临安组织有“福建鲍老社”，人员达300余人；四川籍艺人组织有“四川鲍老社”，入社者也达100多人。京城中饭店、酒楼、茶肆、歌馆、瓦舍、客栈等城市空间一应俱全。

4.体育竞技项目普遍

娱乐性的体育竞技项目也得到了很大的发展，如武术、相扑、弈棋、水嬉、球类、投壶等。以弈棋为例，其在临安就极为风行，上自帝王将相，下至平民百姓，都喜好这一活动。宋高宗常常叫弈棋高手到宫中表演。在这种炽热的社会氛围下，出现了一个专门以陪伴富贵人家子弟下棋等为职业的阶层，这就是当时文献中所说的“闲人”（又称“食客”）。其第一等必须知识渊博，能够讲古论今，吟诗和曲；同时，还擅长书法、弹琴、下棋、唱歌及投壶、打马、撇兰、攧竹等技艺。

5.旅游之风兴盛

与此同时，旅游之风十分兴盛。特别是南宋，杭州胜景，全在西湖，这是其他地区无法比拟的。吴自牧《梦粱录》卷四《观潮》说：“临安风俗，四时奢侈，赏玩殆无虚日。西有湖光可爱，东有江潮堪观，皆绝景也。”周密《武林旧事》记载南宋西湖游赏时说：“西湖天下景，朝昏晴雨，四序总宜，杭人亦无时而不游，而春游特盛焉。”当时的旅游者，除每年农历二三月的成群香客外，又增加了各国的使臣、商贾、僧侣及赴京赶考的学子。

6.歌舞娱乐流行

宋代歌曲风俗，反映在民歌和民曲的广泛流行上。时人王灼在《碧鸡漫志》卷一中说道："盖隋以来，今之所谓曲子者渐兴，至唐稍盛。今则繁声淫奏，殆不可数。"农民有唱田歌之俗。所谓田歌，是指农民在集体劳动时所咏唱的一种歌曲，流行于南方地区。山歌也属于此类，陆游《农桑》诗："农事初兴未苦忙，且支漏屋补颓墙。山歌高下皆成调，野水纵横自入塘。"而船夫喜欢唱船歌。踏歌同样是宋代农民经常表演的一种歌舞节目。据文献所载，这是一种在歌唱时踏地为节、联袂而乐的歌舞活动，男女老少均可参加。如《宣和画谱》说："南方风俗，中秋夜，妇女相持踏歌，婆娑月景中，最为盛集。"又，《岳阳风土记》中也说：荆湖之民，岁时会集祷祠之际，有击鼓、男女踏歌之民俗，称之为歌场。它所表现的是农家丰收时欢歌而舞的情景。南宋大画家马远所绘的《踏歌图》便生动地表现了这一情景：图中小溪疏柳，巨石远峰，宫殿隐现，垄上数人欢笑踏歌。从另外一些文献记载来看，这种民歌不仅流行于农村，而且在北宋开封的宫廷宴会上也可看到，如《东京梦华录》卷九《宰执亲王宗室百官入内上寿》载："第八盏御酒，歌板色，一名唱踏歌。"在宋代民歌中，有许多是反映当时人民现实生活的。如建炎年间产生的《山歌》，就反映了当时人民因战争而引起的流浪生活："月子弯弯照九州，几家欢乐几家愁！几家夫妻同罗帐，几家飘散在他州。"诗人杨万里《竹枝歌》则记载有船人及纤夫们拉纤时所唱的劳动号子："张哥哥，李哥哥，大家着力一齐拖。""一休休，二休休，月子弯弯照几州。"这种凄婉的歌声，反映出被压迫的劳动人民在饥饿边缘上挣扎的悲惨生活处境。

宋代民间舞蹈活动相当盛行，当时许多场合都要进行歌舞表演。以民间舞蹈专业团体而言，都城临安就不下数十个。“姑以舞队言之，如清音、遏云、掉刀、鲍老、胡女、刘衮、乔三教、乔迎酒、乔亲事、焦架儿、仕女、杵歌、诸国朝、竹马儿、村田乐、神鬼、十斋郎各社，不下数十。”这些民间舞蹈团体，来自全国各地甚或域外，各具特色，如“清乐社（有数社，每社不下百人）：鞑靼舞、老番人、耍和尚；斗鼓社：大敦儿、瞎判官、神杖儿、扑蝴蝶、耍师姨、池仙子、女杵歌、旱龙船”。

▶《梦粱录》卷一《元宵》

▶《西湖老人繁胜录》

（三）官府重视民生，百姓生活得到保障

宋朝是中国历朝中比较重视荒政的一代。《宋史·食货志·赈恤》说：“水旱、蝗螟、饥疫之灾，治世所不能免，然必有以待之，《周官》‘以荒政十有二聚万民’是也。宋之为治，一本于仁厚，凡赈贫恤患之意，视前代尤为切至。”从文献记载来看，宋朝统治者对荒政的重视程度确实超过了汉唐各代。这体现在以下几个方面：

1. 社会救助

随着城市化加快，社会贫富分化的现象日趋严重，促使宋代统治者越来越重视对贫困市民（在特定情况下也包括普通市民、流动人员等诸多社会群体）的救助，帮助他们摆脱无以自存的困境，探索有别于乡村的城市救助体制。以官方为主导的社会救济和以社会保障为主要内容的社会事业有了很大的发展，开始朝建立社会保障体系的方向发展。其中面向贫民、穷民和流民的社会救济事业发达，救济范围空前广泛，取得了前所未有的突出成就。如针对不同的救助对象，设立赈济流落街头老弱病残乞、收养并医治孤寡贫病、收养社会弃子弃婴的养济院、慈幼局、安济坊、药局、公所等社会救

助机构。在对流民的临时收容、长期安置、遣返回乡、恢复生产等方面，都有较为得当的应对措施，颇富成效。建立了较为完备的仓储备荒体系，制定了较为完善的赈灾救荒法规，创立了功能较为齐备的济贫恤穷设施，具有制度化、系统化、规范化的特点。此外，遇有官方的庆典或嘉会令节，亦常赈济贫民；遇朝省祈晴请雨、祷雪求瑞，或降生及圣节、日食、湿雨、雪寒，居民不易，皆颁降黄榜，给赐军民各关会二十万贯文。由此，宋代各类群体较以前有了更多的社会救济和社会保障。

2.疾病防治

与此同时，疾疫对于城市的威胁加重，向统治者提出了防疫、治疫方面的要求。如果这一问题得不到应有的重视和妥善应对，无疑会产生灾难性的后果，引发大规模的社会冲突。有鉴于此，当政者采取了以下一些措施：

一是设立官药局。和剂药局和惠民药局最初是由宋廷创设的药品制售机构，“掌令药出售，以济民疾苦”。宋室南渡之后，高宗于绍兴六年（1136）正月听从户部侍郎王俣的建议，在临安府城设置五所太平惠民药局，以太医局熟药东、西、南、北四所为名，并将其中一所药局以“和剂局”命名。南局在三省前，西局在众安桥北，北局在市西坊南，南外局在浙江亭北，外二局由北郭税务兼领，诸局皆“藏熟药，价货以惠民”。生活于宋末的周密高度评价这种向城市贫民平价售药的主要机构：“和剂、惠民药局……其药价比之时直损三之一，每岁糜户部缗钱数十万，朝廷举以偿之。祖宗初制，可谓仁矣！”即将药品以三分之一的低价，分售给城里的百姓。

◀马端临《文献通考》卷五《职官考十·和济惠民局》

◀《癸辛杂识》别集卷上《和剂药局》

遇到疾疫流行时，官药局是主要的救助机构。如淳熙八年（1181）四月，临安疫病流行，“军民多有疾疫”，死者甚多，路多遗骸。宋孝宗诏令户部“行下和剂局应付，仍各置历抄转医过人数，日具以闻”；并令医官局差医官巡门诊视，用药用散。淳熙十四年春，临安府又发生大的疫情，居民传染，多是全家患病，甚至军队中也多有患病之人。诏令“和剂局取拨合用汤药，分下三衙并临安府，各就本处医人巡门俵散”。对病患缺食之家，措置粥食接济。

▶《宋会要辑稿》食货五八之一四

▶《宋会要辑稿》食货五八之一四、一七

二是差医官诊视，给散夏药。如绍兴十六年（1146）六月二十一日，尚书省言：方此盛暑，虑有疾病之人，原在开封京城时惯例，差医官诊视，给散夏药（如柴胡制药）。诏令翰林院差医官四员，遍诣临安府城内外看诊，其药物并令户部行下和剂局应副，至秋凉日罢。从此以后，以此为例，成为一种固定的救济措施。

▶《宋会要辑稿》食货五九之三一

三是资助医药费用。如庆元元年（1195）三月，宋宁宗访闻民间病疫大作，下旨“令内藏库日下支拨钱二万贯付临安府，多差官于城内外询问疾病之家贫不能自给者，量口数多寡，支散医药钱。死而不能葬者，给与棺敛”。

▶《宋会要辑稿》食货五八之二三

综上所述，南宋统治者对疾疫的防治是非常重视的。其救助对象涉及各类人员，特别是城市中的贫困者；救助方式灵活多样，或助医，或施药，或赐钱。无疑，它在稳定社会、提高居民的生活品质等方面，具有重要的作用。

3.官府建立和经办的公墓

官府建立和经办的公墓，即用以集葬贫无葬身之地的平民百姓和由于种种灾祸造成死亡的无主尸骨，时称义冢、义阡、漏泽园。它的创设，始于北宋元丰年间（1078—1085）。崇宁三年（1104）二月三日，中书省就健全义冢制度提出建议：“州县有贫无以葬或客死暴露者，甚可伤恻。昨元丰中，神宗皇帝常诏府界以官地收葬枯骨。今欲推广先志，择高旷不毛之地置漏泽园。凡寺观寄留辖椟之无主者，若暴露遗骸，悉瘗其中。县置籍，监司巡历检察。”四日，中书省又言：“诸以漏泽园葬瘗，县及园各置图籍，令厅置柜封锁。令、佐替移，以图籍交授。监司巡历，取图籍点检。应葬者，人给地八尺、方砖二口，以元寄所在及月日、姓名。若其子孙、父母、兄弟、今葬字号、年月日，悉镌讫砖上，立封记，识如上法。无棺柩者，官给。已葬而子孙亲属识认，今乞改葬者，官为开葬，验籍给付。军民贫乏，亲属愿葬漏泽园者，听指占葬地，给地九尺。无故若放牧，悉不得入。仍于中量置屋，以为祭奠之所，听亲属享祭追荐。并著为令。”五日，宋徽宗敕令各地“收葬枯骨。凡寺观旅榇二十年、无亲属及死人之不知姓名，及乞丐或遗骸暴露者，令州县命僧主之，择高原不毛之土收葬，名漏泽园”。并将这一制度推广至全国。蔡京“推广为园，置籍，瘗人并深三尺，毋令暴露，监司巡历检察”。至是，宋代的义冢或漏泽园制度正式形成。当时除京城所在地的开封府外，全国各州县也都普遍设立了漏泽园。有许多州县甚至“分为三园，良贱有别”，“葬日及岁时设斋醮，置吏卒护视，守园僧以所葬多为最，得度牒及紫衣”。

◀《宋史》卷一七八《食货志·振恤》

◀《嘉泰会稽志》卷十三《漏泽园》

漏泽园择址必须是高旷不毛之地或空闲田地，对象必须是贫不能葬者、遭受战争之害的军民、遭受天灾人祸死亡而无人认领的遗骸、无主尸体或没有后人举办丧事的人。漏泽园建筑设施完善，设置灵堂，“以为祭奠之所，听亲属享祭追荐”。在“葬日及岁时设斋醮，置吏卒护视”。

◀《宋会要辑稿》食货六八之一三二

（四）助人为乐的慈善事业

宋人对于慈善事业都很热心。大官拜命，则有所赈恤贫民，以增加自己的声望。大家富室，特别是富商巨贾发财后，往往捐赠大笔财富，致力于慈善事业。如《梦粱录》卷一八《恤贫济老》载：南宋都城中有一些好善积德的富商，多恤孤念苦，敬老怜贫。每见他们买卖不利，坐困不乐，观其声色，用钱物周济，帮助他们生活下去。如果是死无周身之具的，死者妻儿无力办理丧事，这些富商则给散棺木，助其火葬，以终其事。或遇大雪，城中道路无法行走，贫困之家长幼啼哭，口无饮食，身无衣盖，冻饥于道，富家见此，在白天沿门亲察他们的孤苦艰难情况，到晚上派人悄悄以钱或物放在门首，帮助他们渡过难关。或者送给他们绵被、絮袄，让他们穿得暖一点。如此则饥寒得济，贫困者合家自然是感戴无穷了。著名的书商陈起就是其中的典范，他具有良好的社会道德，对贫困的文士时有慷慨解囊之举。这一助人为乐的举动，给当时的文人士大夫留下了极其深刻的印象。俗谚云："作善者降百祥，天神佑之；作恶者降千灾，鬼神祸之。"天之报善罚恶，捷于影响，世人当以此为鉴。当然，慈善事业对富商们而言，乃是一种过度富有之后的赎愆行为，是作为对神明的一种奉献，但也是社会的一大进步。此外，还有佛教徒，随时有所资给。

二、历史地位

著名汉学家、法国学者谢和耐教授在所著的《南宋社会生活史》一书中认为："中国史并不是静止的一成不变的，却是一连串激烈的变革冲击和动荡。从公元6世纪直到10世纪，中国历经了一个使得它变得全然不可辨认的时期。"特别是在"蒙人入侵前夕，中国文明在许多方面正达灿烂的巅峰"。"其现代化的程度是令人吃惊的：它独特的货币经济、纸钞、流通票据，高度发展的茶、盐企业……在人民日常生活方面，艺术、娱乐、制度、工艺技术各方面，中国是当时世界上首屈一指的国家，其自豪足以认为世界其他各地皆为化外之邦。”在这一时期，宋代百姓的社会生活具有鲜明的“平民化、世俗化、人文化”特点，普通民众拥有比以前更多的生存发展机遇，更加关注世俗生活和“人”自身的价值。特别是江南地区，民众的生活观念和习俗发生了大的变化，使得市民的个性化生活需求得到了极大的释放，生活观念更加开放，相互交往更加频繁，消费需求更加旺盛，开创了精致风雅、休闲舒适的生活新形态，也持久影响了后世中国和东南亚国家的生活理念和审美旨趣。同时，两宋社会救济事业发达，统治者针对不同人群建立的“荒政”“养恤”“义庄”等社会保障制度，在中国古代救助史上占有重要地位，并为后世社会保障制度的建立奠定了基础。有学者认为，中国古代真正意义上的社会保障事业是从两宋开始的。

三、当代价值

宋朝“与民为仁”“关注民生”“同情民苦”，注重救济的实效性，推行社会救济制度，制定较为完善的赈灾救荒法规，建立较为完备的仓储备荒体系，创立功能较为齐备的济贫恤穷设施，救济范围空前广泛，社会救济取得了前所未有的突出成就。正因为如此，宋朝以“积贫积弱”之躯支撑了300余年的国体，其社会治理的经验值得借鉴。

宋代江南，特别是今天浙江一带人民群众的生活观念、生活方式、生活习俗等延承至今，其对生活品质的追求与努力，为当下打造社会主义“两个文明”协调发展的品质生活提供了历史借鉴。

阅读链接：

徐吉军、方建新、吕凤棠、方健：《全彩插图本中国风俗通史丛书·宋代风俗》，上海文艺出版社2018年版

徐吉军：《宋代衣食住行》，中华书局2018年版

吴钩：《生活在宋代》，长江文艺出版社2015年版

伊永文：《行走在宋代的城市》，长江文艺出版社2015年版

左浚霆：《从〈清明上河图〉看北宋民间百态》，研究出版社2013年版

李春棠：《坊墙倒塌以后——宋代城市生活长卷》，湖南人民出版社2006年版

第六章　理性内敛的文学精神

宋代文学在中国文学发展史上属于中古期第二段，基本上是沿着中唐以来的方向发展起来的，并且深刻影响了中国文学发展的进程。无论就总体成就还是各体文学的实绩而言，宋代文学都足以与唐代文学后先辉映。宋代文学对今天的积极影响，有三个方面较为突出：一是宋人以平淡、简约、内敛等为标准的审美旨趣，形成了独有的宋代风雅，宋代审美影响至今，蔓延渗透到现代生活的方方面面；二是宋人忧患意识和爱国主题的高扬，为后世提供了积极的崇高的精神滋养；三是宋代文人实现了社会责任感与个性自由的完美结合，为后世知识分子提供了理想的生命范式。

一、基本特征

（一）文学价值的复古化、实用化

宋王朝重用文臣，文臣由科举考试而进入仕途，他们以国家栋梁自居，社会责任感和参政热情空前高涨，在政治上和学术上都有很强烈的使命感。“开口揽时事，议论争煌煌”，描述的就是宋代文人积极处世的精神风貌；“先天下之忧而忧，后天下之乐而乐”，生动反映了宋代文人介入政治革新，以国事、天下事为自己的历史使命的责任感和家国情怀。“文以载道”一直是宋代文学的主旋律，中唐韩愈倡导的古文运动，在晚唐五代少有回响，但是宋人给予高度重视，接续了唐代的文章复古运动，并使其成为宋代文章的主流。北宋中叶，政治改革的浪潮推进了文风的革新，一些富有政治热情的文人士大夫提倡学习韩、柳文，抨击西昆时文，强调明道致用，强烈关注现实，主张言之有物。欧阳修的奏议文，大多都是针对北宋推行的政治改革、就具体的事件而发的。如他的《朋党论》，立论鲜明、语言平实有力、结构平稳有序，先亮明自己的论点“小人无朋，惟君子则有之”，然后结合具体的历史事实，逐层推衍，最后归结到朋党之争关系国家兴亡，全文明白晓畅，有很强的感染力。另外如欧阳修的《丰乐亭记》《醉翁亭记》《有美堂记》等，也都通畅明白，简洁易诵，易于传播，大大提升了古文的地位和传播力量，开拓了古文发展的新阶段。宋代的古文，承唐代韩愈、柳宗元，形成了一种经世致用、接近口语的文体，出现了欧阳修、苏洵、曾巩、王安石、苏轼、苏辙等古文大家。古文“唐宋八大家”中，宋代占了六个，他们以其言之有物、朴实丰富的创作实践和旗帜鲜明的文学主张，推动了古文在宋代的复兴。

南宋时期，时代发生了巨大的变化，古文的发展继承了欧阳修、苏轼的散文传统，虽然没能再出现像“唐宋古文八大家”那样的古文巨匠，但是南宋文人广泛参加到选评唐宋文章的活动中，延续着北宋古文的广泛影响。南宋古文作者，大都以北宋文章为楷模，效仿北宋，策论学“三苏”、序记学欧阳修、时论学王安石。再者，由于南宋偏安，民族矛盾尖锐，哲学论争激烈，南宋散文也体现了自身的特点。一方面以抗战复兴为主题的政论文有了突出的发展，作家有宗泽、李纲、胡铨、辛弃疾等，强烈的抗金爱国意气充满其中，使得南宋政论文有着一种悲壮的家国情怀；另一方面，由于哲学思想上的充分论争，推动了南宋更为抽象和深刻的说理文的发展，因此南宋的思想家同时也是当时的古文家，如陈亮、叶适等。宋代奠定了古代散文文体的基本格局，文体功能不断拓展，古文在文坛的地位和表现力都进一步提高。同时，在宋代诞生了适应社会文化生活的新体裁。南宋后期散文的异彩，集中闪烁在宋人笔记中。宋代笔记蔚为大观，北宋有欧阳修的《醉翁谈录》，南宋则有陆游的《老学庵笔记》、洪迈的《容斋随笔》等。

（二）文学题材的日常化、生活化

宋人在各种体裁文学方面的开拓，大多是以唐人为参照的。宋人比较成功的开拓，是将文学题材向日常生活倾斜，琐事细物都成为宋人的描写对象。文学描写日常生活，在其他时代也有作品，比如唐诗，尤其是中晚唐诗歌中即有大量此类作品，如杜甫、白居易、韩愈就大量描写日常生活琐事，但是宋人的选材角度更趋向世俗化、生活化。

苏轼作为宋代文人的代表，在诗、词、文诸领域都有重要建树，但在严肃的题材之外，还大量描绘了日常交际、闲暇读书、雅玩雅趣、天伦之乐及躬耕、游览等日常场景，选材琐屑细微，形式自然随意，风格诙谐轻松。苏轼一生生活阅历极其丰富，他的足迹遍布大江南北，饱尝各地美食美味，蜀地的巢菜、棕笋，洪州的牛尾狸，南方的荔枝、龙眼等，都在他的笔下大放异彩。比如他写过《煮鱼法》《东坡羹颂》《猪肉颂》，对食物的做法和当时的社会生活有着详细的记载，堪称“东坡食谱”；他一到黄州，便作《初到黄州》，记载鱼、竹、笋等百姓日常食物。他总能从日常生活中发现点点滴滴的快乐，人生充满了生机与活力。陆游一生创作颇丰，也善于在生活情景中发现诗材。他不仅有“铁马冰河入梦来”的豪情，亦有“莫笑农家腊酒浑，丰年留客足鸡豚”的细致入微，写了很多凡俗的饭食菜蔬。平淡无奇的生活在一般人眼里也许是低调沉闷的，但在宋人笔下，庸常的生活常常别有情趣。这也是一种很积极的生活态度，文字使平淡生活充满了诗情画意和闲情雅趣。

（三）文学语言的议论化、说理化

宋代的士大夫在政治和学术上都有很强烈的使命感，文学家普遍关注国家和社会，宋代诗文的教化功能和议论成分有明显的增加，反映社会、干预政治始终是宋代文学的重要的主题。宋人喜欢议论堪称前无古人，他们多以议论替代抒情，不仅散文如此，诗歌亦然。吕祖谦甚至指出：“有用文字，议论文字是也。”宋代文人多关心时事，以天下兴衰为己任，不仅仅直接参政议政的政论文多发议论，其他类型的散文也多喜欢抒发议论。如欧阳修《丰乐亭记》“该天下之平久矣”的议论，范仲淹《岳阳楼记》抒发“先天下之忧而忧，后天下之乐而乐”的议论，王安石的文章更是如此，几乎篇篇都有议论。因为他主持改革，许多政论文都是针对具体事件而发，比较具有代表性的有《答司马谏议书》《上仁宗皇帝言事书》《本朝百年无事札子》等。在政论文之外的其他散文中，王安石也往往将议论与说理融合，如《游褒禅山记》就将形象的描绘与抽象的哲理探求相结合，显示了理胜于情的文章旨趣。

前代以抒情见长的诗歌，在宋人手里也形成了非常典型的时代特征，即“以议论为诗”。就抒发民生疾苦的诗歌来说，欧阳修《食糟民》、王安石《河北民》、苏轼《鱼蛮子》、黄庭坚《流民叹》等，均以发表议论见长，和唐人对于同样题材的处理迥异其趣。适度的议论开辟了新的题材范围和美学境界。宋人也很重视诗句的锤炼，有些诗句字意平实而思想深邃，如黄庭坚“桃李春风一杯酒，江湖夜雨十年灯”“落木千山天远大，澄江一道月分明”“但知家里俱无恙，不用书来细作行”等，都是脍炙人口的佳句。诗以句存，句以理胜，是宋诗的特点之一。宋人重言说、好议论、尚理趣，以至于“要眇宜修”的词，同样以义理高趣受到后人的尊奉。而到了南宋，辛弃疾、陈亮、刘克庄等人的词，更常常充满了议论，其议论深度亦不在诗文之下。

另外，宋代知识分子在学识的广度和深度上超过前代，宋代士人的总体学术水平达到了空前的高度。杜甫自称“读书破万卷”，说明这在唐代还是比较罕见的现象，但是宋代作家中，堪称学者型的作家不在少数，如欧阳修、王安石、苏轼、陆游等，他们在文学作品之外，还有很多学术著作，其范围涵盖小学、史学、经学等多个领域。许多作家能够在他们的作品中创造性地博采广收前人文学之所长，熟练地大量运用古书中的成语典故，使其充满了理趣。比如，宋代古文有游记一体，欧阳修、苏轼、王安石等都很擅长写游记，游记发展至此，已不再是单纯的写景记事，而是内容无限丰富，形制长短自由，可以抒发情怀、怀人念远，也可以是表达抽象理趣的载体。如苏轼《记承天寺夜游》全文不足百字，却将时、地、人、景交代得十分清楚，抒发人生感慨，又充满哲学思考。文人学术修养的空前提高，使宋代文人更善于深刻思考社会和人生，其作品的议论和说理也更为细密、周详，充满着理性的光芒。

（四）文学审美的精致化、平淡化

宋代诗坛有一个整体的风格，即以平淡为美。宋代文人对事物人情的体味细腻深刻，语言技巧娴熟精确，使得文学创作成为一种精雕细刻的活动。苏轼和黄庭坚的诗是宋诗特征的典型代表，苏轼尊陶，黄庭坚尊杜，苏轼着眼于陶渊明诗歌的“质而实绮，癯而实腴”，黄庭坚着眼于杜诗的“平淡而山高水深”。宋诗以平淡为美的审美追求，是对唐诗美学风范的深刻变革。南宋严羽评论宋诗“以文字为诗，以才学为诗，以议论为诗”，实际上总结了宋诗迥异于唐诗的时代特征。但是，从文学发展的长时段来看，宋诗的诸种重要的特征，又都可从唐人尤其是中晚唐诗人那里找到源头，宋诗正是唐诗发展的必然结果。但宋人对唐诗的学习，并非亦步亦趋，而是另辟蹊径，开创了一代新诗风。宋诗的情感浓度不如唐诗，甚至也不如汉魏诗，但是在思想深度上有很大的超越。元明清诗坛，有时宗唐，有时宗宋，或同时有人宗唐，有人宗宋，学唐体或仿宋调，成为后世诗坛宗派门户的重要标志。这也说明宋诗和唐诗一起，成为诗歌史上双峰并峙的典范，同时也是宋人继唐诗的极盛之后作出的巨大贡献。

（五）文学精神的内敛化、理性化

与前代相比，尤其是与开放、热烈的唐代文学相比，宋代文学最大的特点就是精神内敛和理性。理性精神，是指用理智的态度来把握对象、面对社会和世界的精神。当然，理性精神前代也有，同时期文人之间个体的差异巨大，但是文学精神倾向上如此高度地理性化，宋代则显得十分突出。

崇尚理性的宋代文人并非缺乏情感，他们有着丰富细腻的内心世界，他们的理性更是历经沧桑之后的超越和成熟。那种令人魂动神摇的热烈的审美愉悦被宋人扬弃了，他们的个体意识不像唐人那样张扬，人生顺境并不“春风得意马蹄疾”，遭受挫折也很少悲叹“出门即有碍，谁谓天地宽”，宋代文人很少有像李白那样“仰天大笑出门去”的豪情，也很少有杜甫那种“致君尧舜上，再使风俗淳”的壮志。我们读宋诗很少能发现那种天马行空的昂扬气质和浪漫气息，而代之以更加深沉、严谨、平和、从容的精神，正像范仲淹所说的“不以物喜，不以己悲”，不以外物的好坏和暂时的得失而欢欣或沮丧，显得更为成熟、深沉而豁达。如苏轼一生宦海浮沉，受到过严重的政治迫害，但他却能够在逆境之中依然有用世之志，尽力为地方百姓做了很多实事，并且创作了许多脍炙人口的篇章。他对社会现实抱着“一肚皮不合时宜”的态度，积极批判现实，在身处逆境之时，又有“一蓑烟雨任平生”的达观。这种执着于人生又超然物外的人生范式，蕴含着沉着、旷达的精神，来源于对社会现实和人生的深沉、理性的思考。

二、历史地位

宋代文学的繁荣，并不是一种新的文学样式的异军突起，而是各式文体的全面发展、全面繁荣。后人言我国文学，习惯唐宋并称，诗、文、词皆然。散文方面，宋代作家更加紧密地将道统和文统相结合，古文秉承中唐余续，其政治功能和实用性得到长足发展。诗歌方面，宋人学习唐人，并另辟蹊径，在题材、风格上皆有革新，发展出与唐诗大异其趣的宋诗，出现许多流派和优秀诗人，形成了与唐诗显著不同的特色，对后代诗歌产生了深远影响。从文学史发展的长时段来看，宋代文学中非常值得注意的是宋词和话本，前者至于宋而发展到全盛，后者则伴随着市井文学的兴盛，虽然在宋代的整体成就并不太高，但是意义重大，是文学史上的重要生长点。

（一）宋词：唐诗之外又一美学范式的构建

词至于宋而全盛。宋词在三百年里，经历了由雅而俗、雅俗相济的过程，出现了大批的词人和词作，为中国古代文学宝库增加了无数珍宝。宋代大量的文人投入词的创作，将词发展为一种成熟的可歌可吟的文体，有着以前任何一种文体都不及的为广大群众所爱好的特点。宋词在当时与音乐相融合，成为一种复合的文艺形式；但是又可脱离音乐自行独立，成为唯一堪与唐诗媲美的古典文学体裁。

宋词的整体成就非常突出：一是流派众多，名家辈出。宋代仅自成一家的词人就有几十位，如柳永、张先、晏殊、晏几道、苏轼、秦观、贺铸、吴文英、姜夔、周邦彦、李清照、辛弃疾、王沂孙、蒋捷、张炎等，都取得了很高的艺术成就。二是宋代完成了词体建设，后世最常用的词调都定型于宋代，词与音乐有着非常密切的关系，词的声律和章法、句法，在宋代都已建立了非常严格的规范。三是宋代开始出现突破传统观念和创作藩篱的作家作品，开拓了广阔的表现领域。晚唐五代词，是以《花间词》为代表的艳词，宋代词人继承并改造了这个传统，创作了大量缠绵动人的爱情词，弥补了古代爱情题材的不足，更扩大了词的题材，经过苏、辛等人的努力，宋词的题材范围几乎达到了无所不咏的程度，具有了前所未有的社会功能，将词的地位大大提高。

（二）市民文学繁盛，市井文学大放异彩

两宋时期，文学重心逐渐下移，成为文化史上引人注目的现象。宋代文化消费繁荣，市民阶层的扩大，一方面推动了词体的成熟，民间娱乐场所需要大量的歌词，士大夫的词作便通过歌女的演唱流传于民间；另一方面也使得以杂剧和“说话”为代表的俗文学，取得了长足的进步。

“说话”就是讲故事，话本就是当时“说话人”的底本。随着都市经济的发展，市民阶层兴起，世俗文化大放异彩，在道路通衢、瓦子勾栏，有很多文化活动，这些都是市民文化勃兴的重要标志。《都城纪胜》说：“最畏小说人，盖小说者，能以一朝一代故事，顷刻间提破。”指出了话本的作者和艺人，已经能够用文学的技巧演绎复杂的历史事件。《东京梦华录》和《武林旧事》分别记载了北宋汴京和南宋临安的瓦肆伎艺，其中很大部分就是“说话”。当时的“说话”还保留着浓郁的说唱文学痕迹，在文体上还不够成熟和独立，但其在宋代的繁荣，表明市民阶层已经意气风发地登上了文艺舞台。

南戏产生于浙江永嘉一带，所以又被称为“永嘉杂剧”。它形成于南宋初年，在东南地区广泛流传，并渐渐进入杭州，杭州也随之成为南戏的中心。宋元话本和南戏是我国通俗文学发展史上一个崭新的阶段，具有承前启后的重要地位，它们本身的艺术成就并不是很高，但对后世叙事文学的影响很大。

三、当代价值

（一）平淡、简约、内敛等审美旨趣影响至今

宋代在政治形势和思想文化上与唐代大不相同，宋王朝采取优待知识分子的政策，文人治国、宦学一体的政治模式使宋代的社会风气普遍内敛含蓄。宋代士大夫一般生活优裕，更注重个人内心的修养。宋人的个性与唐人相比，更为内敛淡泊、睿智沉稳。在“三教”合流、由外转内等思想因素的影响下，宋人也形成了有别于其他时代的审美标准和价值体系，开始了由外在的直观型向内在的品味型转变。体现在文学上，比较有代表性的是平淡朴素的宋诗。缪钺分析道：“唐诗以韵胜，故浑雅，而贵蕴藉空灵；宋诗以意胜，故精能，而贵深折透辟。唐诗之美在情辞，故丰腴；宋诗之美在气骨，故瘦劲。”宋诗受宋代理学之影响，气质劲简意长，富于哲理。

宋代文学的美学倾向可概括为“灿烂之极归于平淡”，简约而不简单，隽永悠远，甚至是宋代风雅的代名词。“平淡”成为宋诗的美学准则，蔓延渗透到社会审美生活的方方面面，并影响至今。随着科学技术的发展和社会文化生活的日益进步，越来越多的人倾向于抛弃繁复，回归自然和实用成为人们追求的主题，这样的审美情趣很大程度上可以从宋代的文学和艺术中找到源头。

（二）忧患意识和爱国主题为后世提供精神滋养

宋代国势不及汉唐，尤其是南宋，更是偏安江南。从北宋开国到南宋灭亡，宋王朝始终处于强敌的威胁之下。面对内忧外患，宋

代文人很少用文学来歌功颂德，而是饱含着深沉的忧患意识，正如范仲淹所说“居庙堂之高则忧其民，处江湖之远则忧其君”“进亦忧，退亦忧”。早在北宋初，就出现了王禹偁《对雪》之类忧念民生的诗作。

宋代的民族矛盾空前激烈，三百年间外患不断，尤其是北宋末年以后，面对山河破碎的现实形势，大批爱国文人不得不歌吟以抒愤。以爱国为主题的佳作层出不穷，如苏舜钦《庆州败》、王安石《阴山画虎图》、黄庭坚《送范德孺知庆州》，即使在以婉约风格占主体地位的词坛上，也出现了苏轼“会挽雕弓如满月，西北望，射天狼”和岳飞“壮志饥餐胡虏肉，笑谈渴饮匈奴血”这样的雄豪之音，就连以婉约为主要词风的姜夔、吴文英，以及崇尚隐逸的“永嘉四灵”，也都书写过不少忧国爱国的篇章。而陆游和辛弃疾的振臂高呼，则将爱国主题弘扬到前所未有的高度，为宋代文学注入了非常动人的英雄主义和阳刚之气。陆游《感兴》中“少小遇丧乱，妄意忧元元”的叹息，《示儿》中“王师北定中原日，家祭无忘告乃翁”的殷殷教嘱，教育和鼓舞了后代无数读者。辛弃疾登上北固楼时“何处望神州，满眼风光北固楼”的感慨；贺铸“不请长缨，系取天骄种，剑吼西风”的呼喊；张元幹面对山河残破的现实，发出“塞垣只隔长江，唾壶空击悲歌缺”的无奈叹息，引起无数中华儿女在国家危难之时的心灵共振。这些作品不仅记录了当时山河破碎的社会现实和人民渴望统一的家国情怀，而且用文字维护了中华民族的自信和尊严。

爱国，是人世间最深沉、最持久的情感，也是最自然、最深厚的崇高之美。宋人这些抒发深沉爱国情怀的诗句，深刻塑造着中国人的志气、骨气和底气。每当中华民族处在生死存亡的关头，人们总会从陆诗、辛词中，从岳飞《满江红》和文天祥《正气歌》中汲取强大的精神力量。这种崇高的积极的力量，正是中华民族无坚不摧的前进动力。

（三）宋代文人为后世知识分子提供了理想的生命范式

前代文人的人生态度大致可以分为仕、隐二途，这两者一般是不可兼容的。宋代文人既体现出传统儒学所倡导的文人士大夫的社会责任感和历史使命感，有着参政的热情，在积极参政的同时，又追求个体生命欲望的满足，仍然能够保持比较宁静的心态，追求日常生活的雅致，具有平民化和世俗化的一面。

宋代文人在知识结构上是政治、文章、经术三位一体的，无论是理学还是经术之学，都体现出经世致用的特征。复合型的文学主体，也就决定了其在政治生活和日常生活两个不同场域里的不同特点。宋代文人在宦海风波中见心见性，失意不失志，是个性主体实现自我生命价值的体现；在日常生活中，个体主体追求生命欲望的满足。他们用诗文表现政治的、社会的严肃内容，同时又能用词来表现政治生活之外的幽约婉转情愫；丰富的创作实践也使得他们对文体的功能有了比较明确的体认，即诗文用来述志，词则用来怡情。比如欧阳修的艳词，写得缠绵绮丽，很少受到“文以载道”思想的约束，与他的诗文如出二手。这种巨大的风格反差，看似相互矛盾又相互配合，正体现了宋代文人在雅俗之间不断游走的个体性格和创作真实。宋代文人实现了社会责任感与个性自由的完美整合，把封建社会中士人两种主要处世态度结合起来——处于人生顺境，既积极用世，又怡养性情；处于人生逆境，既坚持操守，又全身养性，为后世知识分子提供了理想的生命范式。

（四）宋代文学与浙江

两宋时期的浙江是人文荟萃之地，文化名人辈出。宋代浙江活跃着数以千计的精英人物，宋代浙籍文人著述丰富，传播活跃，儒者辈出。打造以宋韵文化为代表的浙江历史文化金名片，是我省加快打造新时代文化高地，为高质量发展建设共同富裕注入强大文化力量的重要一环。

第一，加强对宋代浙籍文学家的研究和推广，夯实对优秀传统文化进行创新性发展和创造性转化的研究基础。开展宋代文献典籍整理与研究、宋室南迁与江南地区文化传承发展研究、两宋文化遗存调查与研究、宋韵审美的现代转化研究，加强对永嘉学派、“永嘉四灵”等宋代著名的思想群体和文学群体的研究，凸显浙江在历史上对中华民族发展的精神贡献和当今地位，助力“宋韵文化”这张浙江文化金名片走向世界。

第二，注重顶层设计，平衡目前宋代文学和文化研究中重研究而轻推广的现象，请“大家”写“小书”。目前流行的宋代文史通俗读物很多出于非专业人士之手，甚至一些媒体宣传宋韵文化也经常传播一些片面的、甚至错误的知识。应从规划上推动宋代研究领域的专家来书写通俗读物，编辑出版“宋韵文化小丛书”（或类似名称），分系列出版。

第三，充分认识宋代文学的多元特征，将文学置于宋代经济社会政治发展的大背景中考察，进一步彰显浙江地域文化“人杰地灵”“人无我有，人有我优”的特色。将文人和作品与现存实物载体样本相结合，如苏东坡与杭州、陆游与绍兴，等等。宋代文学和宋代文人都体现着多元性的特征。宋代的士大夫文化是精英文化，具有“庙堂”性质；而同时宋代的市井文化也不容忽视，宋代俗文学的发达，如宋词和话本的兴盛，就与市井文化大有关系。宋代文人亦拥有多种人生角色、多重知识结构和多元的文学创作。市井文化具有强大的生命力，在城市经济日益成熟的情况下，宋代文人如梅尧臣、苏轼等人提出的文学创作“以故为新，以俗为雅”，就是正视、关注市井文化的结果。实施宋韵文化传世工程，也应尊重市场规律，关注新的文化业态的形成，将辉煌的宋代文学与今天的社会发展相联系，进一步打开理论到实践、传统到现代、文化到化人的通道，促进并满足文旅事业的发展需求，以开放的包容的姿态，找准抓实文化建设的重要抓手，讲好浙江故事乃至中国故事。

阅读链接：

北京大学古文献研究所编：《全宋诗》，北京大学出版社1998年版

曾枣庄、刘琳主编：《全宋文》，上海辞书出版社2006年版

唐圭璋编：《全宋词》，中华书局1965年版

王国维：《宋元戏曲史》，上海古籍出版社1998年版

游国恩等：《中国文学史》，人民文学出版社2002年版

王水照：《宋代文学通论》，河南大学出版社1997年版

钱锺书：《宋诗选注》，生活·读书·新知三联书店2002年版

胡云翼：《宋词选》，上海古籍出版社1962年版

曾枣庄：《宋代文学与宋代文化》，上海人民出版社2006年版

张毅：《宋代文学思想史》，中华书局2016年版

第七章 清简雅正的艺术审美

宋初结束五代十国以来的分裂局面，完成南北统一，同时吸取唐中期以来藩镇割据的教训，采取“重文轻武”的治国之策，促成了宋代高度繁荣的文化艺术。画院制度的完善与士大夫群体的壮大，推动了中国书画审美意趣的变革，孕育出注重诗意抒情的审美趣味；而经济与科技的快速发展又促进了工艺美术的进步，制瓷业长足进步，各地名窑如雨后春笋般冒出，并逐渐形成一套完备的生产和运输模式，宋瓷远销海外，成为当时与外界交流的一大见证。宋代在艺术领域取得的诸多成就，为后续各个历史时期的艺术发展奠定雄厚基础。

一、基本特征

宋代文人士大夫兼备学者、诗人和画家特质，他们对诗词书画的喜爱以及对金石古董的痴迷，将宋代的艺术神韵推向极致。

（一）文人趣味中的画韵

自著名画家郭熙以来，北宋巨嶂式山水的全盛时期就已过去，随着文人群体的扩大，文人审美自然对现实产生要求，面对精谨有余、意味不足的绘画时弊，他们强调绘画艺术的画外之音、言外之意，要求一种更具抒情意味和更具细腻内心体验的山水风格。

以苏轼为首的文人圈力主绘画当有诗意，“诗画本一律，天工与清新”便是这一主张最为著名的诗句，倡导气韵是宋代绘画艺术的精髓，具有形外之意、形神兼备才可以视为佳作。此时不仅形成了理论上的要求，也出现了米芾、王诜等付诸实践的文人绘画群体，对当时以及后期南宋山水风格的取向产生深刻影响。他们在绘画中追求平淡天真，在趣味与心理上预示了南宋的诸项发展。

▶［美］方闻《心印——中国书画风格与结构分析研究》

南宋画家通过删繁就简、对一角一隅的细致描绘，表达自身的审美情感。这一风格变化预示着南宋诗意抒情绘画的产生。而若将这一转变放眼于整个中国美术史便能发现，由文人士大夫所推崇的审美意趣远不止在南宋产生回响，实际上这种变化有着更为深远的意义，即催生张扬了“文人画”。

文人画的发展最早可以追溯到中唐时期。在道禅哲学影响下，文人士大夫群体之间出现了新的艺术风向，一种重视人的内在体验的自省式艺术登上历史舞台。自两宋以来，文人画发展又融入理学、心学的思想，为这类艺术形式提供了深厚的哲学背景。到了元代，赵孟頫（1254—1322）所创的书法性山水画风格逐渐被转化成高度个人式的表现形式，极大地增强了个人抒怀的特征，而后世又有被后人称为“元季四大家”的黄公望、吴镇、倪瓒、王蒙成功地绍续了这一传统，使之发展成为中国绘画的洪流。

▶朱良志《传统文人画的人文价值》

近代著名艺术史论家陈师曾在《文人画之价值》中认为，文人画的重要特性是“性灵者也，思想者也，活动者也”，他认为“思”是最能表现文人画特征的，也是文人画的精神价值所在。正如陈师曾所言，实际上文人画指的是具有“文人气”的绘画，而这种“文人气”是一种人文关怀，是一种思考生命真实的意识。文人画的发展，也总是围绕着“真”的问题而展开。当然，这里所说的“真”与外形的真实际上是不同的。所谓“生命的真实”，指的是人“存在”的逻辑。所以，在一定意义上可以说，文人画的价值或许也在于表达了追求生命的意义和价值。自两宋之交产生的风格之变开始，文人画的价值便产生了这种关乎人之生命存在价值和意义追寻的哲学性思考。实体的画迹可能会随着岁月的流逝而消散，但是其中的智慧和启示，却不受时空的限制而永存，这也是宋之韵味得以回响至今的原因。

◀朱良志《南画十六观》

（二）瓷茶交融中的清韵

实际上，宋人的艺术活动远不止于书画，生活中的各个方面都已经被他们纳入艺术审美之中。若要选择一种艺术门类来说明两宋时期的审美高度，那么陶瓷艺术必然排在前列。这种精妙器物的制作方式——土与火的交融，造就了陶瓷独有的美感，并且因其制作成本较低，陶瓷成为上至帝王将相下至平民百姓都在使用的器具，也成为千百年来与中国人接触最为密切的艺术形式，并在宋朝达到高峰。

宋瓷之美首推汝窑。此窑口虽烧造时间短、传世品少，却孕育了最为典雅的审美水准。汝窑胎土细腻，釉料清莹秀润，呈现出“雨过天青云破处”的天青色。同时器身若隐若现的开片，彰显出充满诗意的含蓄的高雅之美。在官窑和龙泉窑系烧制的瓷器中，也有许多开片。这种火烧之后产生的冰裂一样的纹路，本应是一种烧制的缺陷，但在宋人眼中却化为更为深远的审美体验。这一特色，在官窑中尤为明显，成为有意为之的工艺美感，由此开创了后世以釉面开片作为瓷器装饰手段的先河。

宋代饮茶之风盛行，自陆羽的《茶经》出现开始，茶便拥有了品格，或曰品味。《茶经》强调的是茶之清与洁，与之相应的，是从采摘、制作直至饮用等一应器具的清与洁。因此，饮茶器具便随着这种对意境的追求，进入人们的审美范围之内。而宋代还有极为著名的吃茶竞技“斗茶”，具体的操作是通过茶筅将茶末搅匀，使其产生泡沫汤花。如果汤花能够紧贴盏沿而不退则被称作“咬盏”，若没能做到“咬盏”或汤花与茶汤分离，则被判为输。因此，更容易辨别白色汤花是否咬盏的黑釉盏便深受宋人喜爱，其中尤以福建建窑兔毫盏、江西吉州窑木叶纹盏风靡于世，并在一定程度上影响了日本瓷器审美的形成。从数量上看，仅建窑一个窑口的瓷器，就占了日本现存国宝瓷器的大半。宋代建窑的曜变盏、油滴盏、兔毫盏等，在日本人眼中已成为珍宝的代名词。这种“幽玄之美”，也特别为日本文化所欣赏。

▶扬之水《两宋茶事》

▶廖宝秀《历代茶器与茶事》

青瓷、白瓷乃至青白瓷盏的精美程度并不在黑釉盏之下，所以使用者也不在少数。这类瓷盏在宋人眼中总会与美玉相关联，故有“冰玉”的美称。宋代的茶诗中也经常提起“冰瓷雪碗”这样的名词，与陆羽《茶经》青瓷类冰、白瓷类雪的说法一脉相承。诗情与茶意便在这一瓷盏之中，唤起了宋人的清韵。

（三）厚重金石中的史韵

金石学发端于汉魏，宋、清两朝为盛。金指的是青铜器及其铭文，石指的是石刻及石刻文字。将文字刻在青铜器与石头上让信息长久保存，是我国一种十分重要的文化传统。在宋代之前，人们认为金石器物一直保持着一种浓郁的神秘色彩，因此其常常成为文人诗赋或民间传说的话题。而这种情况到了北宋年间则有了较大转变。其兴起，以欧阳修著《集古录》为发端，后有吕大临编撰《考古图》，赵明诚著《金石录》。基于宋代收集古器物更为便利等原因，金石学得以不断完善。

王国维（1877—1927）认为宋代金石学是“应用、考证、鉴赏”三者并存的学问，其发展大致可以分为两个主要方面：第一是以《三礼图》为代表的“应用”方面，主要体现为制作礼乐，证明政权合法性；第二是以吕大临《考古图》为代表的“研究、欣赏”一面，主要体现为学术研究和艺术欣赏。正如王国维所说，“赏鉴之趣味与研究之趣味，思古之情与求新之念，互相错综”。

宋代新出现的艺术趣味彻底改变了古物的意义，原本在枯骨朽馆中的物品开始逐渐进入人们的书斋之中供人把玩。这种来自祖先时代的器物，给人们带来一种时间的差异，而这种差异正彰显了时间流逝的痕迹。器物的陌生感和历史感会给观者带来一种敬畏之心，并且直接“唤起”对过去生命的记忆，逝去的祖先也可以通过这样的器具和仪式重新“返回现场”。所以，古物（特别是古礼器）正是沟通古今二者的桥梁。在宋代，服务于葬礼的仿古明器和日用仿古器物同时流行，而作为日用品的后者意义更为深远。许多宋代瓷器都以特定的青铜礼器作为模本，青铜器借由瓷器的载体再次复活，并作为一种新的可供赏玩的器物活跃于文人的书斋和其他空间之中。而这一趣味在明清时期也变得更加浓郁，并且技艺水平也得到了更大的提升，如宣德炉便是仿古器物中最为成功的一个例子。

金石学发展至今，其意义已经远远超过其学科范围。它不仅包含了学科本义的内容，还承载了古代的史料，蕴含了珍贵的书法信息，从证经补史到艺术鉴赏，都发挥了重要作用。从北宋以来，金石专家不断涌现，金石研究的成果也十分丰硕，而延伸至考古学后更是步入一个更加系统科学的研究体系中。金石所承载的早已不光是厚重的历史，它更应该是连接今日、过去乃至未来的时空纽带，正所谓“后之视今，亦尤今之视昔”。

（四）市井与海外贸易中的“东方韵”

宋代经济高度发达，于立国之初便实行了许多促进经济发展的积极政策，农业与手工业都取得了较大进步，而工商业的繁荣和海外贸易的开放又为宋代经济带来巨大动力。相对富足的物质生活使得人们的基本要求得到满足，而城市的快速发展也催生了丰富多彩的城市文化，这就引起了人们对于精神文化等非生存需要的关注，大众的审美观念也在快速普及。所有这些，为宋代艺术市场的发展壮大奠定了基础。根据史料可知，在宋代已经开始出现类似于现代“商业画廊”概念的“画肆”，由此可以想见当时的艺术品交易。

在绘画层面上，美国学者高居翰在他的《诗之旅》中，从宫廷或其他赞助人与画家的互动角度阐释了南宋富有诗意的新风格诞生的原因。在由北宋向南宋转变的时期，宫廷与市井之间催生了更加广泛的赞助热情，皇室、高官、富商等十分喜爱小巧轻便、便于题诗作词并能当作礼物用来赠人的画作。新的诉求与趣味，必然要求一种新的风格，因此艺术市场的繁荣也在一定程度上影响了宋代绘画风格的变化。

在城市和乡村这两种历史悠久的传统形态之外，另有一种民间手工业形态也在宋代获得了特别发展，即“镇市手工业”。在镇县一级的行政单元中，手工业的生产意义大于消费意义，并且以多种形式向外输出其手工业产品，以瓷器生产闻名的景德镇便是这一形态

▶ 徐飚《两宋物质文化引论》

的代表。就经济重要性的范围和时限来说，没有其他艺术形式可以与中国陶瓷相匹敌。从晚唐到宋末，瓷窑分布广泛，对本地经济的支撑作用是显而易见的。并且伴随着市场上的竞争，以制瓷业为代表的各类手工业都在通过不断提高自身工艺标准、适应社会审美需求来提高产品竞争力。从一定意义上来说，这种手工业模式在后世很长一段时间内都发挥着重要的作用，这也是中国工艺美术得以高度发展的一大原因。

另外，由于南宋时期已经具备了海上航行的技术与能力，加之政府重视海外贸易，海上丝绸之路兴盛，客观上扩大了宋朝的文化影响力。在外销商品的选择上，由于该时期的法定外销商品主要为丝绸和瓷器，同时北方丝源减少，而陶瓷的瓷土原料比较容易获得，因此瓷器出口大增，成为外销商品的主要品种。在南宋时期运载外销商品的“南海1号”沉船中，便打捞出大量的龙泉青瓷。出口的陶瓷多为日常家用器，从东南亚、印度、非洲，延展到近东和日本，在日本，中国的瓷器还受到僧侣的一致推崇。

瓷器的外销不仅在有宋一代兴盛，在后世同样是中国对外贸易中举足轻重的商品，并且在西方成为炙手可热的物件，被认为是“神仙所使用的器具”。油画作品《诸神之宴》中众神所用的餐具，便是十分经典的青花瓷。实际上不止这一幅作品，众多西方油画作品中都曾有中国瓷器的身影，甚至于还出现过西方某国国王愿意用一支军队交换一件瓷瓶的传说。中国“China”也在不断的海外贸易中渐渐附加上了“china（瓷器）”的意义，瓷器开始成为西方人眼中东方韵味的象征。

二、历史地位

璀璨多姿的宋代艺术，在中国艺术发展史上占有重要历史地位。其中，绘画与陶瓷因其成就而尤具突出地位，引人注目。颇具诗意的抒情风格，则是具有宋代特征的普遍性时代风尚。

（一）中国绘画写实主义的高峰

长达300多年的宋朝，绘画艺术空前繁荣，并在过去的基础上，写实技法更臻精妙，宋代对自然真实的探索热情已然达到高潮。这与当时宋代的文化环境不无关系。宋代新儒学重塑了国家的伦理纲领，恢复入世精神，开始强调“格物致知”的重要性，认为这是探究世间万物的最佳方式，要求用儒家经典中所学到的准则、理念去自然中感受到底如何当君子，去比德，比对自然，进而对北宋绘画产生深刻影响。

此外，宋代建立的皇家画院制度也是一个重要因素。宋建国之初便在宫廷中设立翰林图画院，先后集中社会上的名手及西蜀、南唐两地的画院画家，使得其时的画院成为规模最大的绘画创作和人才培养中心。同时，宋朝历代皇帝多不同程度地爱好书画，重视画院建设，尤以宋徽宗最为突出，宋徽宗在位时期（1100—1126）成为古代宫廷绘画最为繁盛的时期。如18岁的画院学生王希孟作《千里江山图》长卷，就直接得到徽宗的赏识和指点。青绿设色描绘山水的技法历史悠久，又因其色彩浓烈沉稳，画面格局宏伟，被宋代画院广泛采用。《千里江山图》正是运用青绿山水鲜明典雅的特点，描绘了锦绣江山的壮美辽阔，同时画面中还十分细致地刻画了村舍、驿站、耕耘等生活场景。与这一特点相应的是张择端所绘《清明上河图》，作为风俗画的代表作，描绘了北宋开封府的生活景象，展现了当时城市的方方面面，更是北宋画对事物细致记录这一趋势的绝佳代表。

水墨山水的表现语汇始于唐五代，到北宋走向成熟。此时荆（浩）关（仝）董（源）巨（然）所引领的北方山水与南方山水风格，得到不同程度的发展和继承。尤其以荆关范（宽）李（成）为代表的北方山水在北宋达到顶峰。李成主要表现山东丘陵和平原地区的自然风貌，重在抒情，而范宽主要表现陕西关中地区的景色，重在抓取山川之势。因此北宋山水画常常表现大山大水，画面雄伟壮丽和细腻华丽兼备。范宽《溪山行旅图》的构图便十分鲜明地体现了这一特点，巨大的山体直接占据画面的核心部位，宛如纪念碑一般矗立画中，而周围较低的山崖瀑布和前景微小的旅人排布得错落有致，艺术感染力极强。稍晚的郭熙，就曾提出画家应该以大山为主，众山为次，强调画面中的秩序感，这表明“大山堂堂”的构图此时已经成为主流。

两宋花鸟画以工笔为主，同样主张观物精微，强调写生，描写真实，精密不苟。有“写生赵昌”、宋徽宗“孔雀升墩”“日中牡丹”、易元吉入深山观猿猴、曾云巢卧地观草虫等故事流传。《双喜图》《五色鹦鹉图》《出水芙蓉图》《果熟来禽图》等传世之作，俱为精品。

（二）陶瓷艺术的巅峰

宋代工艺美术朝两个方向发展，一是结合实用的生活用品，如金银器、漆器、染织、牙角竹木工艺、文房用品等，一是专供欣赏的工艺品，如玉石、玻璃工艺等。还出现了直接表现绘画的刺绣、缂丝工艺等，都达到相当的高度，如文房用品方面，澄心堂纸、李廷珪墨等皆为古代首选，其总体特征是古朴清雅，造型朴素大方，装饰简单雅致，符合宋代文艺以平淡为高的整体美学倾向，而陶瓷则是两宋工艺美术中最具有代表性的一项。宋瓷器型丰富多样，造型优美典雅，装饰方法有刻花、划花、印花、剔花、珍珠地、绞胎、开片、剪纸、木叶贴花、釉下彩等，而煤的普遍运用助力了陶瓷业的快速发展，这一切都标志着中国瓷器巅峰时刻的到来。

宋代发达的陶瓷生产打破了唐代“南青北白”的单调格局，工艺技术快速发展，釉料、器型以及窑炉形制不断升级，众多窑口迎来发展的新机遇。“定、汝、官、哥、钧”五大名窑争奇斗艳。其中定窑瓷器属于白瓷系，其原料精良，烧成瓷器白而润，器型十分精美，甚至有如雕塑般的孩儿枕出现，衣服衣褶和孩童神态的处理极其精妙，因此也常常会有许多定窑瓷器进贡御前。而宋皇室的御窑则先后有汝窑、钧窑和官窑。汝窑胎质细腻，釉料清润，釉色主要呈天青色，并且全身没有多余装饰，含蓄高雅。另外，汝窑瓷器还常常会伴有因釉层较厚而产生的“开片”，即一些细碎的裂纹，这是对此类本应视作缺陷元素的审美再发现。“将碎未碎”是宋代陶瓷审美中十分值得玩味的特色，并且在后续官窑的烧制过程也在不断进行仿造，形成风尚。钧窑则在这五大窑口中凭借其特有的“窑变”而最具辨识度，同时“窑变”带来的釉色变化因其极大的随机性，也为它增添了观赏意趣。

而曾经影响极大的浙江越窑系统尽管在当时仍然保持着生产，但其地位已经逐渐被崛起的龙泉窑系所取代，这一系统在南宋时期产生了哥窑。因此考古学界现在常常会用“六大窑系”来对宋代各个窑口进行更严谨的划分，分别为：定窑系、钧窑系、耀州窑系、磁州窑系、龙泉窑系、景德镇窑系。全国政治经济中心南移，市场上对瓷器的需求激增，在这一社会背景下，龙泉瓷器不断吸收新技术与新风格，生产出薄胎厚釉的瓷器，并以此为基础，成功烧制了粉青、梅子青瓷器，成为龙泉窑青瓷的代表性产品。

（三）诗意抒情风格的崛起

宋代因科举制度的不断完善以及传统军事贵族逐渐没落，形成了庞大的文人群体，文人地位达到巅峰，乃至民谚中有“满朝朱紫贵，尽是读书人”的说法。这一现象对宋代绘画风格的转变产生了巨大且深远的影响。

由北宋的“巨嶂式山水”转变为南宋时期的“半边一角”式山水画，常被影射为政治上的失利，称之为“残山剩水”。但我们不能因外族入侵、王朝兴衰，而忽视艺术自身的发展规律。实际上，在北宋时期的宫廷画院，文人作为当时官场的主流，他们所倡导的趣味便已经为绘画风格的转向奠定了基调。随着新皇登基，郭熙一派的画风受到冷落，徽宗在画院考试中常常以诗句为考题来考核文化素养。甚至徽宗本身也有众多含蓄典雅的作品，如《瑞鹤图》仅仅通过殿宇屋檐的一角便传达出恢宏的皇家气象，《芙蓉锦鸡图》更用瘦金体直接题诗于画上，这都证明了包括花鸟、竹石在内的各类宫廷画种开始向着新方向发生转变。而定都杭州，地域环境的改变更加速了这一风格的转变。

最能体现这一转变的直接例证便是李唐（1066—1150）。李唐原为北宋徽宗画院画家，靖康之变后逃奔江南，是北宋风格转向南宋风格过程中的重要画家，为南宋山水的语汇奠定了重要基础。如

《万壑松风图》尽管从构图上是一幅标准的北宋全景山水，但不妨将此画称为“巨嶂式山水的挽歌”，画面中将范宽《溪山行旅图》般的构图进行了缩微，前景的苍松已经动摇了中景堂堂大山的主峰地位。放大的前景与虚化的背景，这是在成熟的南宋山水画中经常看到的手法。而其后的刘松年（约1131—1218）、马远（1140—1225）、夏圭（生卒年不详）则将这种诗意抒情发挥到了极致，其中马、夏二位更是以善画边角之景而为人所知，被人们称作“马一角”“夏半边”，高度凝练的构图突出了感情色彩，增强了意境。并且南宋山水画所蕴含的浓厚诗意，成为一种更富有赏玩意味的艺术形式，如夏圭的《山水十二段》，仅存的四幅，构图巧妙，笔法凝练，水墨之间融洽自如，描绘出一系列富有诗意的景色。

如果我们放眼于其他艺术形式，会发现书法艺术已经先于绘画产生了这一变化。书法在经历了唐代严格的法度规范后，宋人便不再执意于此，而是将兴趣转为意趣至上并直接进行了实践，其中尤以被后人称为宋四家的苏轼（1037—1101）、黄庭坚（1045—1105）、米芾（1051—1107）、蔡襄（1012—1067）为代表。苏轼作为文坛核心人物，其《黄州寒食诗帖》字距随性，因情而变，潇洒飘逸之间体现出书写者的“意气”，讲究自然抒发的真性情，形成“尚意书风”，有“天下第三行书”之美誉。

三、当代价值

（一）注重艺术家文化涵养的深化

宋代画院在中国画的发展过程中有着十分独特的地位。北宋翰林图画院的机构十分规整，体制也十分完备，孕育了画院特有的美术教育模式，这是许多朝代的画院（包括正式画院和画工无编制但实际存在的画院）做不到的。

早期画院实际上还没有明确的教育机构，但在画院制度的影响下，身为同僚的画师，时常要共同进行一些大型绘画创作，许多皇家指定的重大工程也会一起商讨，因此画院的画家们便在这样的互动之中不断增进绘画技巧，这样的工作环境，使得画院虽无明确教育机构，但其本身已经成为一个天然的教育中心。

◀梁田《两宋画院制度研究》

随着画院制度发展成熟，其录用选拔制度、递迁制度都对画院的美术教育甚至是民间的美术教育产生深远的影响。正如前文所述，宋代是一个文人地位极高的时代，文人所倡导的文化涵养深刻地影响着当时的绘画意趣。因此当时的人们普遍认为画院所培养的不能仅仅是一般的画师，而应该是一群有品德、有艺德的人才，徽宗朝的画院就已经注意到诗与画之间的亲密关系，能否使绘画具备别出心裁的诗意表达，使诗情画意相融合，成为筛选人才的一项重要标准。另外，为更好地培养宫廷绘画人才，徽宗时又设立画学，考生入学后同样还要继续学习各类古文典籍，以提高文化修养。而这种取向又伴随着画院独特的教育方式不断强化着画面的诗意内涵，推动着宋代绘画的发展，乃至对后来的文人画的发生发展也产生了深远的影响。

在当前社会中，一位优秀的艺术家，同样也需要有足够深厚的文化涵养。当然达到这一步仅靠艺术家个人努力是远远不够的，个别艺术家水平的提高对艺术群体的影响是有限的，往往艺术家之间会出现巨大的断层。因此也要在整体层面上进行考量，其中最重要的便是教育。国内目前最主要的艺术人才选拔和培养方式便是艺考和各大艺术学院，这二者的重要性不言而喻。这一制度本不存在什么明显的不合理性，但是却因与占据主流的高考群体相分离，使得大众对艺考缺乏了解，让“艺考生”这一名词往往和“文化课不行”相联系。当然这实际上并不能全归责于大众的不了解，实际上当下的教育形式也确实会产生上述情况。许多艺考生往往是因为文化课成绩不好而转投艺术寻找出路，最后即便凭借应试技巧进入高校，也依然会不同程度地抵触文化通识教育，并常常以自己是艺考生为由开脱。但是我们需要注意的是，一件作品，如果只有精湛的技巧而没有人文素养的内涵，往往只能是一件精美的工艺品，而不能说是艺术品。因此，艺术的选拔方式和专业教育应该更加重视文化素养的培育，并且尽可能在社会上纠正对艺考生的刻板印象，而这些需要全社会的共同协力才能完成。

（二）促进大众美术素养的普及

宋代艺术审美之所以能够产生如此深远的影响，除皇室与文人等社会精英阶层的倡导外，与社会上整体素养的发展是分不开的。宋代经济发展最直接的反映便是城市的快速兴起，由此催生了一大批新兴市民阶层。作为城市生活的主要参与者，他们之间的文化活动对当时社会风气的影响并不亚于庙堂。可以说宋代艺术的高峰是宫廷与社会共同作用的结果。

在新时代浙江文化建设中，美术教育自然不应该被落下。回望过去，1919年，蔡元培（1868—1940）发表了《文化运动不要忘了美育》，指出目前国内掀起的学习西方文化的热潮涉及社会生活的方方面面，但美术却是一个非常薄弱的环节。九年后，林风眠（1900—1991）也在《致全国艺术界》中表示了对知识界文化运动忽视艺术的严重不满，面对中国社会“人心间的感情的破裂”，林风眠认定挽救这一现状的方法就是社会美育，而正是因为看到了文化运动对艺术的忽略，所以他热切地希望能掀起同样轰轰烈烈的艺术运动，来实现社会人心的整合，重现中国的文艺复兴。

过去的种种现象对现在依然还有启示作用，美育在当下仍然是一项重要且未完成的任务。我们需要强化这样一种理念，即美术素养并不是单纯指所谓的绘画技巧，它真正要传递的其实是这些艺术品背后的思想情感和艺术给人带来的沉思。而要达到这样的目的，美术史的作用不可忽视。林风眠曾经说过：“如果大多数人没有懂得艺术的理论，没有懂得艺术的来历的话，单有真正的艺术作品，又谁懂得鉴赏呢?”艺术的重要性已经不言而喻，但是艺术需要人与人之间的传播才能发挥其功用，这种传播需要通过学习艺术作品的历史才能发挥最大的功效，这也是美术史存在的意义。

（三）让宋韵美感深入生活

我们常说宋代是陶瓷艺术的巅峰，而陶瓷诞生之初实际上仅仅作为饮食器具活跃于人们的日常生活之中，它本应默默无闻，却不断在历史的长河中闪烁光芒。陶瓷之所以能够取得这样的关注，很大的原因是中国人对生活中点滴小事的关注。当我们将习以为常的物件纳入审美对象，它们便获得了新生，陶瓷便是其中的代表。

时下我们常常会面对毫无美感的广告、各类随意的产品包装以及制作并不考究的影视作品，这其中或许有经济条件的制约，但对生活细节审美的缺乏也是不容忽视的原因。因此，仅仅停留在高雅艺术的孤芳自赏上，对建设文化强国、文化强省来说，是远远不够的，只有让美下沉，深入人们的生活之中才能真正提升社会整体的文化素养。

首先需要做的是普及大众美育，同时也需要在深入了解传统文化之后，通过设计的力量，去深入浅出地加强美育所取得的成果，努力创造出更多经典的视觉形象，利用更具传播力量的手段去促进传统文化的传播，形成属于今日的艺术风尚。在这一过程中，西子湖畔享有“艺术摇篮”美誉的中国美术学院与百年名社西泠印社应该当仁不让，发挥“艺术国家队”的标杆作用，引领大众美育，提升大众审美水平。

显然，我们的生活并非只有阳春白雪，同样也需要下里巴人，但是所谓美的下沉并不意味着高雅必须走向世俗。陈师曾在《文人画之价值》中曾就文人画是否应该放低自己的身格去求得在社会的普及这一问题提出了自己的看法。他认为，艺术的水平有高低，欣赏的水平同样也有高低，所以会自然产生适合普及用的作品和用于提高艺术素养的作品，这二者是分工不同的，而我们需要做的应该是努力提高和引导观赏者的欣赏水平。只有这样，文化才能有进步，传统也才能够不断发展。

（四）勇立潮头的浙江艺术

“东南形胜，三吴都会，钱塘自古繁华。”柳永之词，似乎已经很好地将杭州的繁荣概括了出来。杭州自古便赢得了无数文人骚客的倾心，也成为了解浙江无法避开的城市。随着隋唐经济重心不断南移，杭州便不断发展，成为江南地区的一大文化中心，宋室南迁定都杭州后，杭州更迎来高度繁荣的局面，一跃成为全国文化中心。

因此，以杭州为中心的浙江地区，对当时文化艺术发展的影响不容忽视，对今天的艺术创新也有重要启示价值。

明人王世贞的山水画五变之中，宋代独占两变，可见宋代山水画在中国山水画发展史中的地位，其风格之变，对后世中国画审美标准产生重大影响。山岚浮动、空灵淡远的诗意绘图的产生，与南宋迁都临安（杭州）后的地理环境具有莫大关系。与此同时，由于宋王朝急需解决财政困难，又因海外贸易所带来的巨额利润，于是鼓励对外通商贸易，位于浙江龙泉的龙泉窑青瓷因制作优良精美，加之靠近水路港口得以大量外销，促进了龙泉窑青瓷的繁荣发展，龙泉窑开始逐渐成为当时全国青瓷的生产中心和瓷器出口的一大供货地。

纵观两宋艺术变革，敢为天下先的精神贯彻始终，促成了浙江艺术经久不衰的发展史，也酝酿了属于浙江自己的灿烂的艺术文化。继续保持勇立潮头的弄潮儿精神，既敢于面对和尝试新事物，又具备驾驭新事物为我所用的能力，是继续取得艺术成就的重要动力。

阅读链接：

朱良志：《南画十六观》，北京大学出版社2013年版

徐飚：《两宋物质文化引论》，江苏美术出版社2007年版

陈野：《南宋绘画史》，上海古籍出版社2009年版

叶喆民：《中国陶瓷史》，生活·读书·新知三联书店2011年版

扬之水：《两宋茶事》，人民美术出版社2015年版

廖宝秀：《历代茶器与茶事》，故宫出版社2017年版

［日］内山精也著，朱刚、张淘、刘静等译：《庙堂与江湖——宋代诗学的空间》，复旦大学出版社2017年版

［美］高居翰著，洪再新等译：《诗之旅——中国与日本的诗意绘画》，生活·读书·新知三联书店2012年版

第八章　整饬精致的建筑标格

宋代建筑具有很高的艺术和科学价值，其科技水平达到了新的高度，是宋代文化的重要组成部分，是我国乃至世界建筑史上一颗璀璨的明珠。这一时期的建筑，深受传统自然和人文观念的影响，具有鲜明的时代特色，在城市规划、城市建筑、宫殿建筑、礼制建筑以及园林、桥梁等方面均有突破性发展，形成了特有的建筑流派和风格特征。

一、基本特征

宋代建筑规划设计和建筑风格独具特色，建筑门类繁多，形式多样，形成了丰富多彩的建筑文化。

（一）规划与规模

1.建筑规划从严肃到随意

唐代都城长安是当时东方乃至世界最大的政治和文化中心，也是中国古代历史上最为壮观的城市。其城市及宫殿建设，经过周密规划，平面追求方正、严谨、大气，布局具有严肃性，呈严格的棋盘方格样式，显得规整而肃穆，四平八稳，坦荡广阔，具有阳刚、自信和雄健之美。京都长安共分成108个长方形的坊，以近9千米长的朱雀大街为轴线，东西各54个坊。里坊区域内设东、西两市，平面图呈现为一个又一个方格，道路纵横，多直线，通衢直路传达出严肃的政治情趣和崇尚方正、笔直的平面观念与风韵。然而至宋代，建筑的布局变得松弛、自由、随意起来。其时北宋东京开封的城市结构，以宫城为中心，与中国传统的以“中”为尊思想相吻合。以御路等干道为骨架，向四周放射扩展，形成井字形方格网。虽然我们从其平面想象图来看，其城平面大致仍为方形，几条城市主要干道仍是直线，但是整个城市平面已打破唐代长安严格的棋盘格式布局。特别是东西向的街道，可以说没有一条是直贯全城的。道路的间距也不规则。这种曲线因素糅入城市总体规划，给人的感受是富于变化和灵性，而这种现象的出现，可能是由于城市的逐步发展、扩展以及城市内部特殊的地形、地貌（特别是城内的汴河、蔡河、五丈河和金水河四条河道）影响所致。

2.建筑规模从雄浑恢宏到纤巧精致

在这一时期，城市面积和布局一改汉唐雄浑、恢宏、壮观的特点，呈现出纤巧精致、清雅秀丽、布局随意、装饰细致的基本格调，体现了程朱理学家们“心安身自安，身安室自宽”“谁谓一室小，宽如天地间”的建筑审美观念。以北宋东京和南宋都城临安来说，其城池、宫殿和陵墓建筑的规模都要比秦汉都城和唐代长安小得多。

（二）宫殿和皇家礼制建筑

宋代宫殿代表了当时建筑的最高水平。周密《癸辛杂识》别集下《汴京宫殿》载：京师开封有八卦殿，此殿有八门，门外各种有树木，筑有假山，无一相同。假山石皆嵌空，石座亦穿空，与石窍相通。皇上欲有所往，与所幸美人自一门出，“宫人仙衣，壮士扶轮，一声水辟历，则仙乐竞奏，云霄间，石窍间脑麝烟起如雾”。大门省玉虚馆阶前以玉石建造，殿上椽柱一色，皆用金饰，炫耀夺目。而宋真宗营造玉清昭应宫，更是广集天下名木、奇石、颜料、漆等建筑材料，据载每日动用役使的工匠就达三四万人。洪迈《容斋三笔》卷一一《宫室土木》对此进行了详细的描述：大中祥符年间，奸佞之臣以符瑞欺骗真宗，大兴建筑，以为道宫。其中，玉清昭应宫的建造，便是其中一项主要工程。在这一工程的建造中，权臣丁谓任修宫使，每天指挥三四万工匠，日夜不停地建造。所用的建筑材料，几乎涉及境内所有地区。有来自秦、陇、岐、同的松树，岚、石、汾、阴的柏树，潭、衡、道、永、鼎、吉的梌、楠、槠树，温、台、衢、吉的梼树，永、沣、处的槻、樟树，潭、柳、明、越的杉树，郑、淄的青石，衡州的碧石，莱州的白石，绛州的斑石，吴越地区的奇石，洛水的石卵，宜圣府的银朱，桂州的丹砂，河南的赭土，衢州的朱土，梓、信的石青、石绿，磁、相的黛，秦、阶的雌黄，广州的藤黄，孟、泽的槐华，虢州的铅丹，信州的土黄，河南的胡粉，卫州的白垩，郓州的蚌粉，兖、泽的墨，归、歙的漆，莱芜、兴国的铁。又于京师置局，化铜为鍮，冶金薄、锻铁，以供应工程所需。这一工程自经始及告成，总共花费了14年的时间。其中，从大中祥符二年（1009）四月开始营建，至大中祥符七年十一月建成的玉清宫，规模极大，凡东西310步，南北143步，总2610区。田况《儒林公议》卷上称“其宏大瑰丽，不可名似。远而望之，但见碧瓦凌空，耸耀京国。每曦光上浮，翠彩照射，则不可正视。其中诸天殿外，二十八宿亦各一殿。……朱碧藻绣，工色巧绝。甍栱栾楹，全以金饰。入者惊恍褫魄，迷其方向。所费巨亿万，虽用金之数，亦不能会计。天下珍树怪石、内府琦宝异物，充牣襞积，穷极侈大。余材始及景灵、会灵二宫观，然亦足冠古今之壮丽矣。议者以为玉清之盛，开辟以来未始有也，阿房、建章固虚语尔”。张知甫《可书》载：“宣和末，都城起建园囿，殆无虚日，土木之工，盛冠古今，如撷芳园、山庄、锦庄、筠庄、寿岳、辋川、华子冈、鹿寨、鹅笼、曲江、秋香谷、檀栾馆、菊坡、万花冈、清风楼等处，不可举，皆极奢侈，为一时之壮观。”“元符初，后苑修造所，言内中殿宇修造，用金箔一十六万余片。”

▶周煇《清波别志》卷上

南宋的宫殿，同样倾注了统治者大量的心血，并倾全国的人力、物力、财力加以精心营造。经过诸帝一百多年的持续扩建和改建，至南宋末年，凤凰山周围九里之内，布满了大大小小的宫殿。据后人统计，总计有大殿30座、堂33座、斋4座、楼7座、阁20座、台6座、轩1座、观1座、亭19座等。除南宫外，还有号称“北宫”的德寿宫。可以说，此时的宫廷规模，从数量上说可与北宋都城东京相埒。其建造同样精巧雅致，《马可波罗游记》便载：现在让我们看看王所住的一处最美丽的宫殿，其先人留下了周围十里的大片土地，四周围以高墙，并将此片土地分成三部分。中间部分，从大门一进去两旁各有一楼阁，极尽雕梁画栋、金碧辉煌之能事。起首一栋最为宽敞，亦最称奢华，梁柱皆加以金饰，藻井亦饰以金片：四周壁上精美的壁画描述先王的丰功伟绩。……绚烂耀目，使人疑似此身不复在人间。

统治者除在都城内建造规模庞大、豪华壮丽的皇城外，还建造有太庙、郊坛等礼制建筑，并对临安府城进行了大规模的改造和扩建，御街便是其中的代表作。

御街南起皇宫北边的和宁门外（今凤山门附近），一直向北，经过朝天门略向西折，接着又一直向北，经众安桥、观桥，到万岁桥，又折而向西，到达新庄桥和武林门前的中正桥（斜桥），其走向与现在的中山路基本一致。根据文献记载，南宋御街全长13500余尺，由35300多方巨幅石板铺成，十分宽敞、坦平豁达。它仿照北宋东京御街，在街道中划出御道、河道、走廊等不同功能的分道。御道专供皇帝通行，御道两侧用砖石砌成的河道，把御道与外侧隔绝开来，以保证皇帝出行时的安全。河中种植有荷花，岸上栽桃、李、梨、杏等树。河道外是供市民行走的走廊，称为“御廊”，廊内各设有黑漆杈子和红漆杈子两行以限止行人进入。它不仅是纵贯临安南北的中轴线，是构成临安纵横交错的陆路交通网重要部分，而且从和宁门到朝天门这一段，还具有外朝的广场性质，作为元旦和冬至举行大朝会时会集排班之用。

（三）官宅

与唐代的浑朴雄阔相比，宋代贵族官僚等的第宅建筑，极尽精饬妍丽。周煇《清波杂志》卷八《垂肩冠》说：“大抵前辈治器物、盖屋宇，皆务高大，后渐从狭小。”这句话反映了宋代住宅从高大宏伟到小巧精致的发展趋势。礼贤宅、赵普宅、王拱辰宅、陈升宅、蔡京宅、秦桧宅、王继先宅等就是其中的代表。这些住宅均是金钉珠户，碧瓦盈檐。四边红粉泥墙，两下雕栏玉砌，如同神仙洞府、王者之宫。赵普为北宋初年的宰相，他的府第“外门皆柴荆，不设正寝。始入门，小厅事三间。堂中位七间，左右分子舍三间；南北各七位，与堂相差。每位东西庑凿三井。后苑亭榭，制作雄丽”。宋太祖赵匡胤见之也以为过于奢侈。北宋相蔡京的府第同样如此，《清波别志》卷下《王黼拥帐》载：“蔡京赐第在都城之东，周围数十

◀《宋稗类钞》卷二《奢汰》

里。”如他府第中的一六鹤堂，高四丈九尺，“人行其下，望之如蚁”。王黼宅府“宏丽壮伟”，周围数里，其家正厅以青铜瓦覆盖，后堂起有高楼大阁。徽宗尝亲至王黼私第，目睹其宅“堂阁张设，宝玩山石，侔拟宫禁，喟然叹曰：‘此不快活耶！’”南宋御医王继先之宅号“快乐仙宫”。显仁太后曾服王继先药病愈，故对其十分宠信，于是举朝文武大臣阿附，甚至有人自称门生。王继先恃宠，强占丰乐桥官地，营建府宅。其宅第屋宇宏丽，都人谓为“快乐仙宫”。韩侂胄不仅府第宏大，而且还“凿山为园，下瞰宗庙；穷奢极侈，僭拟宫闱”。

▶陆游《老学庵笔记》卷五

▶徐梦莘《三朝北盟会编》卷三一，靖康元年正月二十四

▶《宋史》卷四七〇《佞幸传》

▶叶绍翁《四朝闻见录》戊集《阅古南园》

当然普通官员的住宅，无论是规模还是装饰都没有上面所述的这样华丽，其布局也要简单得多，如南宋陆游在任职大理寺司直时，其在都城临安的居所是两间小屋子，其《烟艇记》描写说：“陆子寓居得屋两楹，甚隘而深，若小舟然，名之曰烟艇。”

（四）民居

平民百姓的住宅，因限于财力等，无论是建筑规模还是内部装饰都是很难与上述这些贵族官僚及富家大族的住宅相比的。城中居民由于地价昂贵，无力购置一块称心的土地建房，即使是有钱购置地皮，能够建得起房屋的也是寥寥无几。如南宋都城临安，家中有财力可以盖房屋的，千万之家中不过一二；至于盖屋以后，还能有生事者又是屈指可数。在此情况下，大多数居民只能租房子而居，数十个人局促于一隅，拥挤不堪。如洪迈《夷坚三志壬》卷三《沈承务紫姑》载“沈居武雄营门，无厅事，只直头屋一间，逼街狭小，室仅容膝”。而农村地区农民的住房条件更差，如婺州（今浙江金华）兰溪“有铁之工家，窭甚。视其庐，蓬茨穿漏，隘不逾五十弓，

仅灶而床焉。工手鞴而冶，妻燎茅竹以爨。试染指其釜，则淡无鹾醯，特水与苋藿沸相泣也。一稚儿卧门旁，呜呜然，若啼饥。其人皆霉黧疲曳，殆鬼而生者”。从他们的住宅结构来看，极其隘陋，没有堂、寝、阶、户等功能之分，“欲行之亦不可得”。

◀范浚《香溪集》卷五《铁工问》

◀陆游《家世旧闻》卷下

从宋代平民百姓住宅使用的建筑材料来看，主要有瓦房和草房两种。

瓦房因以瓦盖顶，故名。又因其以砖瓦为主要建筑材料建成，故又名砖瓦房。其拥有者，从社会阶层来看，一般为财力较为丰厚的地主和商人；从地区来看，则以城市居多。如李元纲《厚德录》卷四载：郑建中，其先本雍人，五代时移居到安陆，家中积累了上万银子的巨额财产，在安陆城中营造了许多瓦房，以至城中居民多向他租房居住。每当大雨之后，他派人用车子载着瓦片，问租客所住的房子有没有漏水，如有，则用这些瓦片补上。如果房客自建有房屋，他也帮其修缮好。农村中的瓦房虽不普遍，但也可以见到一些。范成大《骖鸾录》就载：“十日，宿上江。两日来，带江悉是橘林。翠樾照水，行终日不绝，林中竹篱瓦屋，不类村墟，疑皆得种橘之利。江陵千本，古比封君，此固不足怪也。”

瓦房的建筑格局和结构，虽然各地多有差异，但大多采用长方形平面，梁架、栏杆、棂格、悬鱼、惹草等具有朴素而灵活的形体。屋顶多用悬山或歇山顶，除草葺与瓦葺外，山面的两厦和正面的庇檐（或称引檐）则多用竹篷或在屋顶上加建天窗。而转角屋顶往往将两面正脊延长，构成十字相交的两个气窗。稍大的住宅，外建门屋，内部采取四合院形式。有些院内还莳花植树，美化环境。从王希孟《千里江山图》中所绘的住宅图景来看，都有围墙、大门和东西厢房，而主要部分是由前厅、穿廊、后寝等所构成的工字屋。另有少数较大住宅则在大门内建照壁，前堂左右附以挟屋。这些都在一定程度上反映了当时大中地主住宅的情况。

▶刘敦桢《中国古代建筑史》

砖瓦业在宋代有了突飞猛进的发展，据北宋李诫《营造法式》所载，砖型有十三种；而瓦则按质分为素白、青掍、琉璃三大类，按功用又可分为筒瓦、板瓦、脊瓦三类。筒瓦在宋代有六种，覆于两行板瓦之间。它不仅具有束水功能，而且因其上面往往作有纹饰，故又有装饰的功用。从文献记载及出土的实物来看，其图案种类甚多，除传统的动植物、神像、文字（一般多为吉祥语、宫殿或官署名等）外，还增加了龙凤、花草等花样。板瓦有七种，仰铺于屋顶。

而在边远城镇及乡村，民居除少量瓦房外，绝大多数是比较简陋、低矮狭窄的茅草屋。如庄绰《鸡肋编》卷下载："新州城中甚隘，居人多茅竹之屋。有两人于附郭治花圃，创为一堂，前后两庑，颇极爽丽。"

茅屋的房架由梁、檩、椽组成，顶部用稻草或麦秆、黍秆、芦苇等覆盖。檐下一般留有较大的空隙，便于通风出烟。墙身很矮，使人有低矮狭窄之感。它虽然造价低廉，但使用寿命也较短，经不住长时期的风吹雨淋，往往"年深损烂，不堪居住"。

▶《宋会要辑稿》兵六之二六

（五）园林

宋代园林在当时人们的生活中具有重要的作用，周密《齐东野语》卷一九《贾氏园池》说道："园囿一也，有藏歌贮舞，流连光景者；有旷志怡神，蜉蝣尘外者；有澄想遐观，运量宇宙，而游特其寄焉者。"在这一时期，园林建筑极为兴盛，讲究花木之胜，建筑华丽精致，宋代可以说是中国古典园林的成熟期。从其所属关系来看，可以分为皇家园林、私家园林、府署园林、寺院园林四大类，其中又以前两类最为盛行。

北宋都城开封的皇家园林较多，其中以大内后苑、艮岳、瑞圣园、琼林苑、金明池、宜春苑等为代表。其中大内后苑位于大内后半部景福殿、广圣宫的北面，据《宋会要辑稿》等书记载，后苑有大清楼藏四库书，宜圣殿奉祖宗圣容，还有些殿贮四方贡珍果等。除了众多的殿、阁、亭、榭、假山、池沼外，在后苑园中还种植有各种树木、花卉，甚至南方的花木也移植苑中，如荔枝树在宜和殿前结实，橙子也挂满枝头，杨树高入云霄，柳树郁郁葱葱；苑中有四季常青的松、柏、竹，还有牡丹、芍药、菊花、荷花等应时花卉。据李焘《续资治通鉴长编》卷七二载，太祖乾德三年（965），引金水河水贯皇城，历后苑，使得内庭池沼水源充足。后苑内池沼一度曾有龙舟划行，可见水域之广阔。此外，还有众多的禽鸟在这里活动。这里虽然面积不大，但建筑密集，“崇石峭壁，高百丈，林壑茂密诸景色”，表现出浓厚的山林野趣。

◀王明清《挥麈后录·余话》卷十

而艮岳则是北宋东京皇家园林中的代表作。据《艮岳记略》载，徽宗登极之初，皇子不多，有方士对他说：京城东北隅，风水较好，可惜地势稍微低了一些，如果能够增高一点，则可以使皇嗣繁衍了。于是在政和七年（1117）十二月，徽宗命户部侍郎孟揆于上清宝箓宫东筑山，山似杭州的凤凰山，取名曰万岁山。又因山在国之艮位，故亦名艮岳。宣和六年（1124），以金芝产于艮岳之万寿峰，故诏令改名寿岳；又因岳之正门称华阳门，故此人们又称华阳宫。艮岳在宣和四年大体建成，然自政和讫靖康，一直没有停止过修筑。据宋徽宗赵佶御制《艮岳记》、蜀僧祖秀《华阳宫记》等记载，艮岳面积极大，周十余里，其最高一峰达九十步。内设洞庭、湖口、丝溪、仇池四个大湖，泗滨、林虑、灵璧、芙蓉诸座山。园中奇珍异草甚多，如枇杷、橙柚、橘柑、榔栝、荔枝等木，金蛾、玉羞、虎耳、凤尾、素馨、渠那、茉莉、含笑等花草，其中仅梅树就种植了一万株，命名为“梅岭”。又种丹杏鸭脚，称“杏岫”。又增土叠石，间留隙穴以栽黄杨，曰“黄杨巘”。又开闸注水而为瀑布，称“紫石壁”或“瀑布屏”。至于里面的宫室台榭则极多，其中知名的有琼津殿、绛霄楼、萼绿华堂。总之，此园“括天下之美，藏古今之胜，于斯尽矣”。靖康之难时，金兵围城，诏令取艮岳山禽水鸟十余万只，投诸汴渠；拆艮岳中的房子木头为薪，凿石为炮，伐竹为笆篱。园中所养的数千头大鹿，全部杀掉作为士兵的粮食。于是，一代名园毁于一旦。

金明池位于新郑门外，周回九里三十步，池西直径七里许。据《宋东京考》卷十载，“周显德四年（957），欲伐南唐，始凿以习水战”。政和（1111—1118）中，又兴土木，使金明池更加壮观。《东京梦华录》卷七《三月一日开金明池琼林苑》载：“入池门内南岸西去百余步，有面北临水殿，车驾临幸观争标，锡宴于此……又西去数百步乃仙桥，南北约数百步，桥面三虹，朱漆阑楯，下排雁柱，中央隆起，谓之骆驼虹，若飞虹之状。桥尽处，五殿正在池之中心……桥之南立棂星门，门里对立彩楼……门相对街南有砖石甃砌高台，上有楼观，广百丈许，曰宝津楼。前至池门，阔百余丈，下阚仙桥水殿，车驾临幸观骑射百戏于此。”殿之南有晏殿，殿西有射殿。每岁三月一日开池，由御史台在宜秋门贴出黄榜晓示，许人游赏，大抵于四月初八日闭池。后为金兵所毁。

南宋都城临安的皇家园林也不少，其中主要有皇宫后苑、德寿宫后苑、玉津园、聚景园、延祥园、庆乐园、集芳园、玉壶园、下竺御园、富景园、屏山园、五柳园等。其中皇宫后苑又称大内御苑，位于今杭州市区凤凰山的西北部。园内有大龙池、万岁山等景区。大龙池又名小西湖，是整个御园的核心，面积约为10亩，分东西南北四个景区。四个景区景色各异，可观春夏秋冬四季的景色。万岁山又名小飞来峰，高十余丈，由人工叠石而成。登上峰顶，全园景色一览无遗。周密《武林旧事》卷四《故都宫殿》载其“亭榭之盛，御舟之华，则非外间可拟”。德寿宫后苑则位于望仙桥之东，绍兴三十二年（1162），高宗在原秦桧府第的基础上扩建而成。乾道（1165—1173）初年，孝宗又对其进行了改造和拓建。据李心传《建炎以来朝野杂记》乙集卷三《南北内》载：“凡禁苑周围四地分：东则香远、清深、月台、梅坡、松菊三径、清妍、芙蓉冈；南则载忻、忻欣、射厅、临赋、灿锦、至乐、半丈红、清旷、泻碧；西则冷香、文杏馆、静乐、浣溪；北则绛华、旱船、俯翠、春桃、盘松。”聚远楼是德寿宫后苑内最为壮观的建筑。《武林旧事》卷四《故都宫殿》载：“高宗雅爱湖山之胜，恐数跸烦民，乃于宫内凿大池。引水注之，以象西湖冷泉；垒石为山，作飞来峰。”因取苏轼诗“赖有高楼能聚远，一时收拾与闲人”之句命名。登上此楼，德寿宫东区花景可一览无遗。周益大有诗赞道：“聚远楼高面面风，冷泉亭下水溶溶。人间炎热何由到，真是瑶台第一重。”

在私家园林上，士大夫崇尚“天人合一”，主张以小巧精致为上。苏舜钦在苏州的沧浪亭和司马光在洛阳的独乐园是宋代私家园林的典型代表，表征了园主在园林美学上的内敛性心态。南宋“四大画家”之一刘松年的著名山水作品《四景山水图》等传世宋代名画中对此都有清晰的反映。

（六）桥梁

桥梁建筑也是宋代的主要建筑类型之一，这在南宋都城临安体现得最为突出。由于杭州城内外水系发达，河道众多，因此建有大量的桥梁，桥梁便成为南宋都城临安交通的重要特色之一。《马可波罗行纪》便说：“城之位置，一面有一甘水湖，水极澄清，一面有一甚大河流。河流之水流入不少河渠，河渠大小不一，流经城内诸坊，排除一切污秽，然后注入湖中，其水然后流向海洋，由是空气甚洁。赖此河渠与夫街道，行人可以通行城中各地。街渠宽广，车船甚易往来，运载居民必需之食粮。人谓城中有大小桥梁一万二千座，然建于大渠而正对大道之桥拱甚高，船舶航行其下，可以不必下桅，而车马仍可经行桥上，盖其坡度适宜也。就事实言，如果桥梁不多，势难往来各处。”

▶［法］沙海昂注《马可波罗行纪》第一五一（重）章《补述行在》

《马可波罗行纪》载临安“城中有大小桥梁一万二千座”，也许有夸大之嫌，但我们完全可以肯定，南宋临安城内桥梁之多在中国历代都城中当是首屈一指的。《乾道临安志》卷二《桥梁》说城内有桥74座，《淳祐临安志》卷七《桥梁》载城内盐桥河、清湖河、市河及城南左厢、城北右厢有桥205座。另外，《咸淳临安志》《梦粱录》《武林旧事》等书也载有不少，有名的桥梁总数可达上千座。

桥的建造，大多比较简陋，但也不乏精美雄伟之作，如南宋德寿宫香远堂东的万岁桥，以白玉石建造而成，雕栏莹彻，上作四面亭，皆新罗白木，与桥一色。建造技术，在当时世界上首屈一指，如始建于皇祐五年（1053），完成于嘉祐四年（1059），坐落于福建泉州洛阳江入海口上的洛阳桥（又称万安桥），首创种蛎固基的技术，即在桥基和桥墩上种殖牡蛎，利用牡蛎石灰质贝壳附于石间繁

▶〔明〕田汝成《西湖游览志余》卷三《偏安佚豫》

殖的特性，使桥基与桥墩结成坚固的整体；还有“浮运架梁”技术，即利用潮水涨落，将二三十吨的大石块架上桥梁，开创了世界桥梁史上“浮运架梁”的先例；又沿桥位纵轴线抛石几万立方米，提升江底标高3米以上，在垫高的江底上建筑桥基，这是现代桥梁“筏形基础”的先驱。

除上述的几类建筑外，这一时期的佛塔、墓葬等砖石建筑技术也达到了极高的水平。浙江杭州灵隐寺塔、河南开封繁塔、河北赵县的永通桥及河南巩县宋陵、白沙宋墓等均是宋代砖石建筑的典范。山西省太原市晋祠内的正殿及鱼沼飞梁、河北古城正定的隆兴寺等，都是现存宋代建筑中的杰出代表。1933年，著名古建筑学家梁思成到正定调查古建筑时，考察隆兴寺后大加赞赏，他说：“这种布局，我们平时除去北平故宫紫禁城角楼外，只在宋画里见过，那种画意的潇洒，古劲的庄严，的确令人有一种不可言喻的感觉，尤其是在立体布局的观点上，这摩尼殿重叠雄伟，可以算是艺臻极品，而在中国建筑物里也是别开生面。”

◀梁思成《中国建筑史》

综上所述，宋代建筑主要有以下几个特征：

1.追求人与自然环境和谐统一

宋代风水术盛行。受当时风水理论的影响，宋人在建筑基址环境的选择中比较注重融合自然环境，追求人与自然环境和谐统一。以南宋都城临安为例，统治者一改汉唐雄浑、恢宏、壮观的特点，根据当地的地势地貌，注重因地制宜，打破左右对称、严整有序的中轴线布局，融入“曲线因素”，呈现灵动的平面布局。皇城中大量建筑分布在凤凰山麓的台地及馒头山山坡上，巧妙运用地形，安排宫殿、园囿及官署区。皇城北城墙与西城墙以人工夯筑与自然山体相结合，起到很好的防御作用。其时园林的艺术风格更为清淡雅致，意境创造更加自觉，诗情画意更加浓郁，通过借景、补景等艺术手法来体现人与自然的和谐。

2. 功能上注重休闲品质

与唐代相比，宋代住居发生了较大的变化，注重实用、舒适。宋代重文，故此，士大夫之家往往建有读书用的书室（或称书屋、书阁）。宋代道教和佛教趋于民间化，故人们往往在家中设有道室或佛堂、神佛堂。宋代统治者以孝治国，理学家也极力鼓吹孝道，故家庙在士大夫家中也颇为常见。建筑物的匾榜风俗有所变化，如北宋时立匾榜，必系以亭、堂、斋、阁之名；但至南宋，书匾则略去了这些字样。在这一时期，士大夫普遍流行建造园林式的住宅。富贵人家除在宅第建造别具匠心的假山外，还喜欢种植各种各样的奇花异卉。

需要说明的是，在宋代，椅子出现，并逐渐在日常生活中广泛运用，开始流行坐姿更为舒适、方便的坐榻，变为垂足而坐，从而改变了我国自商周以来延续了数千年的席地而坐、以伸足为箕踞的跪坐方式。高镜台等新式的高足家具不仅盛行于民间，而且还形成了完整的系列组合，日益排挤着传统的供席地起居的旧的家具组合，迫使它们退出历史舞台，从而为中国古代家具步入成熟期奠定了基础，最后迎来中国古代家具的黄金时代，形成艺术造型、工艺技巧和实用功能都日臻完善的明式家具。

3. 宋人的建筑审美观念

宋代理学家提倡“存天理、去人欲”，宋代建筑在物质层面上不求其宏大，但是在精神象征意义上含有深广的意蕴。认为“心安身自安，身安室自宽”，虽然“墙高于肩，室大如斗”，而“气吐胸中，充塞宇宙”，即可以在一件玩物、一座园林、一处景观中观照到无限的宏浩宇宙天地。宋人的这种审美思潮和收缩内敛特性，深深影响了人们的建筑理念，使这一时期的建筑缩小并柔和化，没有了秦、汉、隋、唐等朝代的恢宏壮观、开放霸气，不论是北宋东京，还是南宋临安，城市面积、宫殿布局和陵墓等建筑的规模较之唐代长安要小得多，呈现出“谁谓一室小，宽如天地间”的思想理念。

与此同时，其建筑经历了从高大宏伟到小巧精致的发展过程，不再以唐式建筑规模巨大见长，而是在装饰上更加注重彩绘、雕刻和其他纹饰运用，展现出精致典雅特点，从而达到艺术的新境界。据学者研究，宋代建筑装饰丰富、细腻，包括室内设计，都与唐代建筑大开大合、大气恢宏粗犷特点有着明显的不同，在建筑技巧娴熟的基础上，更加注重对建筑细节的雕琢，一柱一梁都注重细节，精心刻画，以求装饰得更加华丽精美。屋顶的斗拱设计成熟，斗拱已经摆脱单一模式，呈现出多元多样艺术的美学特点。由于建筑面积缩小，斗拱尺度趋小，斗拱与梁柱之间的距离比例也减小，使斗拱显得更加高耸。此外，建筑专家通过合理分配布局，在建筑内舍中大胆减少梁柱设计，使建筑室内面积得到极大拓宽。同时，宋代建筑更加注重瓦饰、窗棂的精雕细琢，使之富有艺术情趣。以木条做成的格子门，其上一条门框都有七八种断面图案，窗格的棱条表面要加上凸起的线脚。雕花造型极尽丰富的变化，都雕刻精美。在彩画中，每一朵花的每一花瓣都经过由浅到深的多层晕染表现，力求绘制生动活泼。这种雕饰、彩绘与做工，加深了宋代建筑精工细致的特征，使宋代建筑显得更加清雅柔逸有神韵。

需要指出的是，尽管宋代建筑在物质层面上具有尺度缩小、布局随意、清雅柔逸、装饰细致的基本特点，但是并没有使人感到小气、肤浅、柔靡。相反，宋代建筑自有其精神境界，似乎是对理学审美观念的践行，给人以秀逸、柔美和轻灵的感觉。以宋代建造的山西太原晋祠圣母殿和鱼沼飞梁为例，不仅结构上体现出建筑规模巨大，而且精心装饰，其造型优美、形制奇特的十字形桥式在我国现存建筑实物中仅此一例。圣母殿的建筑格局更注重形象上的清雅华丽，尤其是屋顶、屋脊的弯顺翘起，给人飘逸柔美之感。它与周围的垂柳等树木山石极其相配，这种写意的建筑风格，对元、明、清三代的建筑有很大影响。鱼沼飞梁，全沼为一方形水池，中立34根小八角形石柱，柱顶架斗拱和梁木承托着十字形桥面，整个造型如飞鸟。大殿正前面八条廊柱上雕刻着八条金粉装饰的盘龙，雕工精细、栩栩如生，艺术价值极高。

二、历史地位

宋代建筑无论形制还是造型都日渐成熟，具有很高的艺术和科学价值，其科技水平达到了新的高度，是宋代文化的重要组成部分，是我国乃至世界建筑史上一颗璀璨的明珠，在中国建筑史上占据重要地位，对后来建筑产生很大影响。在这一时期，建筑开始使用以“材”为标准的体系，其建筑彩画打开了以青绿色调为主的先河，对后世的建筑彩画产生极其深远而巨大的影响。这一时期的建筑思想已经相当完善，编撰出具有代表性的建筑著作《木经》《营造法式》，特别是建筑学家李诫编著的《营造法式》，为中国古建筑技术集大成者，反映了这一时期中国建筑在工程技术与施工管理方面已经达到了当时世界上相当高的水平。

三、当代价值

宋代建筑特有的艺术之美和建筑特色，其宋风遗存向世人充分展示了中国古代建筑的科技成就和艺术成就，尤其是建筑背后所包含的精深的文化底蕴，对现代的建筑设计、审美教育以及各审美文化领域，都有着至关重要的启示和导向作用。如太原晋祠圣母殿向外伸延的屋顶结构、勾梁与索铆特点，是中国独有的建筑表现形式，是中华传统建筑文化的靓丽之处。圣母殿将传统木制建筑工艺做了很好的展示，体现了中国建筑艺术色彩。因此，挖掘宋代建筑特有的艺术风格和历史传承，有助于活态传承中国历史中优秀的文脉，唤起国人、华人共同的情感记忆和文化认同。

宋代留存至今的建筑已经屈指可数，好在留存至今的大量宋画和雕刻中，都有建筑本体、由室外的庭园环境到室内的陈设环境的形象，且大多具有精细、写实、丰富的表现，成为我们研究宋代建筑的珍贵图像资料。如在北宋画家张择端的名作《清明上河图》中，北宋都市建筑中的城墙、城楼、寺庙、街道、商店、民宅、官衙、桥梁等建筑形象都得到了充分的体现。又，宋代墓葬建筑壁画彩绘及雕刻中，表现了时人生活中对美的感受和生活理想，对于后世的民间图案发展有着指导性的意义。

对宋代建筑的研究，可以使人们深刻地体会到中国古人的才能和智慧，有助于我们感受博大精深的中华传统文化，唤醒自身的文化自觉意识，激发我们的民族自豪感和爱国热情。从目前追求西方豪华式建筑理念转向关注自身民族优秀传统文化。与此同时，我们还应加大对宋代建筑遗址和古建筑、古村落的保护，最大限度地还原宋代的历史风貌，促进当今城乡风貌的提升，增强人民群众对宋韵文化的感知和体验。

阅读链接：

郭黛姮主编：《中国古代建筑史》第三卷《宋、辽、金、西夏建筑》，中国建筑工业出版社2009年版

郭黛姮：《南宋建筑史》，上海古籍出版社2018年版

鲍沁星：《南宋园林史》，上海古籍出版社2017年版

徐吉军、方建新、吕凤棠、方健：《全彩插图本中国风俗通史丛书·宋代风俗》，上海文艺出版社2018年版

杨渭生：《两宋文化史》，浙江大学出版社2008年版

第九章　多元自在的宗教生态

赵宋一代，时间跨度300余年，其社会生活与思想文化中的宗教类型颇为复杂。

权且悬置西方一神论意义下的宗教界定，依据现代宗教学的学术体系及其评判标准，对于中国传统社会宗教的相关讨论，往往处于泛化宗教的语境下进行，遑论在思想文化视野下更为宽泛的教化之教。影响至今的传统表述，就是儒、释、道三教之说。儒、释、道既是三种不同体系的教化之教，更是三家形态不同的义理之学。在前者的意义上，三教共同构成宋代宗教的教化体系；在后者的意义上，三家构成宋代思想文化的主要内容。宋代时期的儒、释、道三者关系，可以简约地描述为共生共存的竞争关系。这种竞争共存的生态处境，使宋代社会形成了多元而充分的文化选择。上述三者，构成宋代宗教颇为自主而多元的选择形态，最终形成了不仅对后世中国，而且对东亚文化产生了重要影响的宋型宗教。不过，本章所讨论的从宋代宗教到宋型宗教，不涉及讨论宋代儒家倾向明确的"宗教化"建构，而主要聚焦于佛教、道教，旁及佛道混融形态的民间宗教，同时更关注佛教与道教在宋代浙江区域的展开。

中国宗教似乎稳定不变，其实却又变动不居。从唐末五代直至宋室南渡，也呈现出中国宗教形态史上的"唐宋转型"。在此意义上，本章所称“宋型宗教”，既欲阐述中国宗教如何从唐代转进到宋代之“转型”，还要阐释宋代宗教对于后世中国宗教，乃至周边地区宗教具有相当影响之“定型”。扩展地说，在宗教领域，宋代既是中国诸宗教全面兴盛的历史阶段，成为诸宗教渗透于社会文化诸领域的转型时期，同时也是中国诸宗教因持续分化（宗派化建构）而确定教派分立的奠定时期，而教派分化的区域展开则又影响到宗教统绪的地方性传承（如佛、道二教诸多分派的地方命名）。

总体而言，宋代宗教之所以能够普遍渗透到社会文化诸领域，在较大程度上得益于赵宋立国所确定的文教政策。与此同时，具有区域性特征的宋代宗教场所（寺院宫观）普遍具备能够自足的经济能力，呈现出传扬其特色文化的自主性，反过来又增强了宗教对于社会各阶层的吸引力，从而使宋代宗教的综合影响力迅速提升，最终构成备受当时周边地区及后世社会瞩目的宋型宗教。因此，重估宋韵文化下的宋代宗教，必须结合历时形态的宋代宗教活动与共时形态下的宋型宗教结构，否则，就难以圆满探讨“宋韵”意义下的宗教思想及其文化形态的历史溯源与价值重估。作为历时形态的宋代宗教，能够让人看清楚宋代时期的中国宗教，来自何处及曾去向何方；作为共时形态的宋型宗教，则能够让后人整体思索宋代宗教对于中华文化，乃至东亚文明具有何等意味的共同体意义。

一、基本特征

（一）多元拓展及整合创新

宋代宗教具有多元展开的活动层次，在宗教仪式、宗教制度、宗教典籍、宗教习俗等领域，呈现出整合创造的总体特征。

学者们对于中国宗教的本源及其类型多有阐论，大都强调中国宗教特色鲜明的祭圣传统。在此传统中，最稳定者莫过于祭天与祭祖，并辅之以崇圣。如将孔子提升到“配天”的崇圣地位，令人感受到儒家文化的“本土宗教性”。当然，还有儒家经典“四书”“五经”的“圣典”地位的确立。但随着更具宗教品质的佛教传入中国，以及中国道教影响的日益扩展，在“祭”的本土宗教性之外，更增添了“拜”的仪式建构。在祭与拜的背后，还隐含着一种重要的人的空间聚集。祭与拜的宗教形式，通过人的聚集活动而呈现，并随之建构出诸如制度、仪式等具体形态。宋代宗教的基本结构，虽然仍不出于特定空间（包括场所与地域）的因祭而聚、因拜而聚的原初方式，但宗教围绕祭、拜、聚却展开了许多前代所未见的创造性建构，由此构成宋代宗教充分多元的活动层次及其开放品格，透显出中国传统社会对于宗教需求的层次化。正是不同社会层次的现实需求，造就了宋代宗教的多元化、多层次特征。

宋代宗教根植于现实的社会环境之中，宗教参与社会经济活动开始被公众认同。如佛教经营（佛教术语称之为“治生产业”）除了更为普遍的田地出租之外，其领域涉及油坊、磨坊、客栈、当铺等行业。尽管佛、道二教的专业人员在两宋时基本稳定于20万人以上，尚不及总人口的百分之一，但其在社会领域的综合影响力，却几乎无法估量。宋代宗教场所的类型构成呈现出多层次性，既有国家背景的寺院宫观（其中包括地方官府主导修建或兴复的寺院宫观），更多的则是地方士绅尝试参与的寺院宫观（如功德坟寺、观等），以及民众自发修建的寺庙庵堂。从宋代宗教场所修建或兴复的多元形态，可以看出其社会活动的广泛程度。诉诸地方文献，宋代修建或兴复的佛教寺庙，还具有小、散、杂之特点，特别是在经济业态丰富的江南市镇，上述现象更为突出。如明末苏州文士文徵明就曾提到，南宋时期，苏州一地的佛教寺院就多达千座。由此看来，宗教场所的人均拥有量，达到了相当可观的程度。随着佛、道二教活动及其综合影响的扩展，不同的社会阶层产生新的需求，从而促成更多佛道混融的民间宗教的出现。同时，宗教日常活动的展开，主要利用地方性资源，并大都依附于地方社会，特别是其文教活动，从而提供了诸多具有宗教品格的文化产品，为后世留存了大量的宋代宗教典籍、文学作品及艺术作品乃至建筑，雕刻、寺塔等遍及江南各大型寺院。

（二）转型特征明显，民众广泛参与

正如国家治理制度变迁的唐宋转型，宗教形态的唐宋转型，同样显而易见。这一情形主要表现为四个维度，即天下（国家）认同的制度设置、利于民众参与的仪式改造、共生共存的文化对话、文化重心持续南移的区域特色。

1. 天下（国家）认同的制度设置

宋代是国家对佛教、道教的管理制度开始全面确立的时期。“臣僧”“臣道”的政治位阶，明确地表现了国家权力对于宗教的全面管控。这种全面管控，具有两个方面的现实效应：一是宣示国家权力对于宗教的重视，二是国家干预宗教的举措或渠道具有多元性。比如，既可以通过行政干预而建立起更符合有效管制的宗教制度，同时也可以通过有效的全国性措施来提升宗教的整体品质，如赐额寺院、汇编宗教典籍、赐号杰出宗教人士等。与此相关的是，一些宋代新发展出的佛教宗派，直接表达其“为国开堂”“为国上堂”的国

家认同。寺院活动的国家归属，成为宋代宗教（特别是宋代佛教）国家品格的一种外溢效应。

在宋代所有宗教管控措施中，颇为典型者有二。其一，仿效科举取士而试经度僧（道），设置宗教僧侣的“职业化考试”。此举既限制了宗教人口的数量，又在相当程度上提升了宗教人员的文化素质。其二，就是在佛教界通过大规模的“革律为禅”而使禅院（特别是江南地区）的数量激增，而禅院数量的激增意味着禅僧人数的扩展，从而迅速扩大了禅宗在宋代社会的总体影响，彻底改变了中国禅宗在唐末隐修山林韬光养晦之局面，进而影响民众（特别是文人士大夫）。而文人士大夫普遍热衷于参访禅院，开展与禅僧的文化休闲式交游，使宋代禅宗出现了文字禅、公案禅的潮流，从而使以“语录”及“禅宗灯录”为代表的宋代本土佛教典籍开始大量涌现，“不立文字”“教外别传”的唐代禅宗开始脱胎换骨，面貌一新。其总体影响迅速扩展，受到社会各界的普遍关注，同时影响到以注疏讲解为侧重的天台宗、华严宗等“教家”学风，进而逐渐形成了禅教一致、禅教兼弘的混融趋势。其在佛教史上的一大表征，就是宋代本土化的佛教撰著（文本）至少在数量上有了可观的突破。

“革律为禅”对于后世佛教的最大影响，在于使甲乙（师徒）相传的“子孙庙”转向更具有公众性或公共性的“十方丛林”。至今仍保持着重要影响的江南禅寺，其真正的历史奠基，即始于宋代。十方丛林选择住持的全国性，突破狭隘的地方主义，再加上国家权力的干预式介入，为甲乙相传相授的封闭式环境，注入了更多元的改造动力。宋代佛教的整体进展主要体现于寺院规模与数量、僧人活动与影响，最终落归于宋代佛教最具名誉度的“五山制度”。五山制度及其合理延伸的“十刹”（包括宗门与教门），不仅构成了甚具文化辐射力的东亚宗教制度，而且也是一个具有综合影响的文化标识（如五山文学、五山建筑、五山艺术等）。在此意义上，宋代禅宗的五山制度，成为宋型佛教最具标识度的制度典型。

至于中国道教的宋代转型，唐代因崇道之故，皇室把道士作为宗亲，隶属宗正寺，因此宗正寺成为负责道教管理的机构。南宋建都临安，朝廷设道录院，职能是道职迁补、制定斋醮科仪、规定名山洞府活动、选拔道士管理宫观、管理道冠籍账等。道录院官员一般由道士充任，实际上成为道士管理的政府组织。

2. 利于民众参与的仪式改造

宗教仪式是宗教信仰的生活化或实践化表达。仪式既是中国宗教的重要特征，也是中国宗教的信仰表达与文化呈现。通过宗教内部仪式的改进与完善，宋代宗教具备了更广泛的民众参与性。

中国传统宗教体现于祭（祀）、拜（忏）、聚（众）的活动方式，都需要通过仪式而呈现出来。宋代宗教，无论是佛教还是道教，更不必说混融式宗教，无不注重仪式化的改造。宋代正是中国宗教仪式真正确立并得以初步完善的历史时期，同时也是宗教影响民众文化、民俗传统的关键时期。

宋代佛教、道教最普遍的共同仪式就是“祝圣”。祝圣的首要对象就是天下掌管者皇帝，其次就是皇亲，然后是本宗本教的祖师、宗师。通过祝圣仪式，既表达“天下”（国家）的共同体意识，又重申了不同宗教系统的法统、宗统及师统的不同。宋代宗教确立了中国宗教的“二元崇圣”，即国家（天下）崇圣与宗教崇圣（祖师与宗师）体系，从而有别于唐代宗教的“圣教”唯一性，全面建构了中国宗教的祖统、宗统与法统。在此意义上，宋代最终完成了中国化宗教宗派的真正建构。

不止于此，就佛教而论，有关天台忏仪或华严忏仪的撰著，在宋代江南不断涌现，影响广泛，且与地方民风、民俗相结合，其文献见诸时人记述（如宋代笔记），数量甚多。而通过宗教仪式活动获得的宗教感应，同样常见。宗教仪式的生活化与民众化，固然使宋代宗教有“世俗化”之嫌，但不可否认仪式宗教对区域文化的塑造功能。通过宗教仪式而联结起来的祭（祀）、拜（忏）、聚（众）活动，使宋代宗教的民众参与达到了极为广泛的程度。宋代江南俗话所称的“家家弥陀佛，户户观世音”，即为其例证。

3. 共生共存的文化对话

宋型宗教的混融情形，既源于时局动荡、人口迁移的历史环境，亦源于赵宋文教政策的持续推行所形成的多元文化共生共存的对话生态。

宋代普遍盛行的宗教混融，既体现于不同宗教类型的混融，更体现于同一宗教内部的混融。不同宗教间的混融，涉及儒佛、佛道、儒佛道及本身源于佛道混融的民间宗教。不同宗教间的混融，既促使宋代各宗教各擅其场，也促成新教门的不断出现；而同一宗教内部的混融形态，则分化甚至消除了一些传统派别，出现了一些强势派系。这些强势派系，又在历史的不断演进中，产生新的分化。宋代宗教的混融式演进，最终导致教派林立的宋型宗教生态。

4. 文化重心持续南移的区域特色

宋代作为中国宗教区域化推进的重要时期，吴越、巴蜀、湖广、闽赣及更为传统的北地宗教，在此时期，各呈其盛，充分奠定了后世宗教传承的基本格局，影响深远。

宗教人口的南北流动、东西迁移，使宋代宗教的综合创新能力大为提升，从而改变了唐五代时期的宗教生态。总括而论，从宋代宗教的推进到宋型宗教的确立，其实是适应文化重心南移之后文化平衡的现实产物。在此过程中，包括宗教文化在内的、对于后世中国影响深远的江南文化，得以全面确立。

以江南为典型代表的宋型宗教的全面确立，固然与宋代复杂的政权环境（与辽、金、夏并存）相关，但离不开宋代宗教注重综合建构（宗派、义理、善治等）的知性诉求。宋代是中国传统宗教发展史上具有举足轻重地位的演进阶段。这一时期的宗教既有中国传统宗教一些普遍性的共同特征，也有其自身的独特形态及发展轨迹，特别是宋室南渡，更加巩固了宗教的地域化形态。

总之，从宋代宗教到宋型宗教，我们需要透视宋代文运的持续渗透与文化筑基，这是今天讨论宋韵文化不得不高度聚焦的议题。宋韵文化的提出，并非重构宋代久远的历史文化，而是寻觅潜隐于宋代而影响广泛的文化（乃至文明）传统，因此需要一种“截取”的方法视野，而非采取一种“截断”的粗野方法，既非不及其余，更非不见其余，而是通过深度挖掘、全面省思，进达精气神的精心粹取。

二、历史地位

宋型宗教之所以在后世得到高度关注，一大原因，就在于由“家国天下”的普遍关切而涌现的宗教奔流景象。

由祝圣仪式所确立的宋代宗教，可以看出其对于国家（天下）制度化认同的日常实践。自北宋开国以来，随着科举取士规模的持续扩展，特别是坚持“取士不问家世”的明确导向，宋代政治生活的庶民化与地域化得到强化，不同利益集团迅速形成。荐引朋党，离间君臣，排斥异己，比比皆是。此外，中央朝廷与地方机构之间形成紧张关系、每三年一轮换等任职制度等，增加了地方官吏的不稳定性。宋代政治文化构成中普遍存在的变动性与风险性，亦在一定程度上促使同样感到充满变动与风险的士大夫们，在其现实生活中，往往不由自主地涉足禅林佛刹，其社会交往、知识交往，时见僧衲之影，呈现出包括政治行为、思想观念、知识活动、精神信仰等多方面的佛禅交游活动。谈禅论道，参请求法，不乏其人；诗文酬答，唱游山水，每每可见。诸多中央官僚及各级官吏，成为地方宗教场所的有力外护者，史载甚多，如李遵勖、刘筠、曾公亮、富弼等人，即属此类。如果缺省了士绅们热心外护宗教文化的活跃身影，宋代宗教史必将黯淡失色。

不过，宋代士大夫宗教之风习，固然是宋代宗教生活中社会精英的文化表现，但并非倾向于建构具有独立知识形态的宗教思想体系。佛教史上所谓“士夫禅”“相公禅”的说法，其实都只是一种现象的描述，而并非参禅法门的方法界定。因此，“士夫禅”“相公禅”作为宋代士大夫的禅修性好，尽管不能与禅林“默照禅”“公案禅”等参禅法门相提并论，但在客观上对南宋盛行的“文字禅”却不无影响。如果着眼于“宋学”这一思想文化的整体环境，宋型宗教总体上具有以下历史地位：

（一）充分处理文化空间的距离平衡

儒家阵营的社会精英，尽管普遍存在着“出入释老数十年”的为学经历，但“出入”本身的动态（不稳定的断续性），表明其面对释老时，终究是怀持着“有距离的宗教参与”心态。与此同时，无论佛教或道教如何赞叹社会精英们对于本宗教的普遍好感，对于宗教的神圣性存续来说，他们终究都只不过是“外护”而已，需要同样怀持“有距离的世俗信任”。宋代朝廷朋党泛滥，门阀意识炽盛，朝政动荡多变，排斥论与护持论相互并进，往往导致士绅在外护佛法中体现出义理与实践、智慧与信仰、社会化与个体性等兼顾结合的特征。上述两种形态的“文化距离”，使宋代宗教与世俗文化之间构成一种基础性的距离平衡。

▶［德］迪物库恩《哈佛中国史》第4册《宋的转型：儒家统治的时代》

宋代思想文化转型，被视为最终转入“儒家统治的时代”。宋代作为“儒家统治的时代”，恰恰呈现出新儒家与佛教之间剪不断、理还乱的纷繁复杂的纠结关系。宋儒的工夫论立场与佛教诸多法门之间多有收摄关系，即使通过对儒家典籍本身的再阐发，从而重建儒学道统，这一路径主要也是仿效佛教宗统，在客观上削弱了宋儒对佛教活动的伦理责难与道义微词。因此，在两宋时期，出现了禅儒并兴、儒佛俱显的思想文化局面。

儒家治道的形成与确立，一大助缘在于遍布南北的讲习活动。真正形塑甚至改造中国文化的知识活动，或许就在于这些组织化的讲习形态。儒家从禅堂修学的组织方式中吸取了上堂仪式中的集中讲习，在参与中体现共修和分享。这种知识行动的组织机制极具活力，直接推动了“宋学”的多领域复兴，最终汇成堪比西方“文艺复兴”的综摄现象。

文教传家的传统，既通行于儒家，亦适用于佛教。儒家建构“道统”，佛教诸宗派则更是仿效禅宗，完善其“宗统”。道统与宗统的各自建构，使文教传承的源流与脉络极为清晰，使宋代文教具有迥异他代的“使命与担当”。文化成为有信仰的知识，信仰则成为体现文化的知识，使文化、信仰、知识三位一体，汇聚于道统与宗统之中。

（二）有效表达日常生活的情感平和

宋代宗教的现实生活，除了体现于宗教内部的仪式改造与制度设置，还呈现于扩展到社会生活领域的结社组织。宋代时期，一般宗教徒颇注重修持，并通过结社活动充实其修行生活。此时，佛教的融合趋势相当流行，既有禅宗、净土两宗合流并进（禅净合流），亦有天台、华严等教家与禅宗、净土的融合（禅教融合或禅教净合流）。正是在持续融合的思想进程中，天台教与华严教相继中兴，特别是在江南地区更为明显。通过宗教类型的结社活动，人们达到社区生活领域的人际和谐与情感平和。当然，在宋代，某些民间教派，也通过宗教结社表达社会抗议，从而遭到了官府的严厉查禁与明令取缔。

（三）及时洞察出世出家者的家国考验

宗教人士的专职化，使得即便是宋代道教，都不具有出世出家的自主选择。出世出家的避世性，在赵宋时代，注定无法摆脱家国关怀。特别是随宋室南渡而至的北方宗教人士，更是如此。更远地说，从安史之乱到北宋建立之前这段时间，藩镇割据，社会动荡，道教的发展处于低谷。但是这一时期，唐武宗和后周世宗相继灭佛，极大地打击了佛教的势力，客观上有利于道教的发展。更为重要的是，从唐末安史之乱以来，直到宋辽金元交相陵替，汉族政权羸弱不振，空前尖锐的民族矛盾纵贯这一时代。战乱、天灾、饥荒、瘟疫及横征暴敛、民族仇隙等，沉重地压在人们头上。在苦难中辗转呻吟的民众，不得不寄希望于冥冥中的神灵，于是以符箓雷法、度亡济世为职事的符箓道教，盛行于民间，活跃于朝野。特别是融符箓雷法与内丹之道为一体的神霄派，以其精微独特的雷法著称于世，故深受民众的欢迎。各种各样的雷法应运而生，道派林立，呈现出前所未有的热闹景象。这些教派或宗派的出现，从根本上说，就是出于稀释家国命运考验的宗教式尝试。

经过宗派化建构所形成的宋代佛教诸宗派，主要包括禅宗、天台宗、华严宗、律宗，以及诸宗融会而成的寓宗（即寄附于其他佛教宗派而实际影响颇大的净土宗），当然也涉及宋代密教。除了禅宗、天台宗之外，宋代佛教净土宗与密教大有市场，颇受推崇，同样也折射出家世国运的考验。

到了宋元鼎革之际，宋代宗教界人士中的“遗民”现象，更是引人注目。宗教生涯与家国命运的直接考验，使宋代成为中国历史上最具有自觉意识的时期。因此，考察宋代宗教，必须结合这一独特的历史情境。正是在上述对“宋运”的关切之下，宋代宗教出现了思想创发与教派创立并进的“奔流”现象。

从北宋到南宋，精英士绅不仅积极参与推进禅林之兴盛、义学之中兴、禅教律净之并进、显密之兼修以及援禅入儒、学佛以知儒等知识性活动，更利用其丰富的行政资源，在诸如寺院兴建、经藏刊刻、请赐尊号、文字撰著等方面，助缘尤甚，从而客观上有利于形成宋代思想文化的开放环境，使之充当佛寺、佛僧与社会之间互动交往的重要媒介，成为宋代佛教生活的一大构成内容。在此过程中，也直接影响到专职化的宗教人士对于家国情境的及时洞察，从而为宋型宗教注入难能可贵的致用品格。无论是从禅宗的“忠义即菩提”“忠孝即佛性”，还是从道教的“忠孝即神仙”，都可以感受到家国关切的入世情结。

在此过程中，宋代社会日常生活中的精忠节义，也直接影响宋代宗教的忠义核心价值观念。

三、浙江呈现

宋型宗教的地域展开，形态丰富，令人津津乐道。“宋代浙江佛教”“宋代浙江道教”，即是其典型呈现。

无论是“宋代浙江佛教”，还是“宋代浙江道教”，显然都是一个区域化的宗教描述。大凡一个区域描述概念都具有综合性，“宋代浙江”作为区域概念的综合性，至少体现于两个方面：其一是“宋代浙江”作为历史地理概念的变迁性，其二是“宋代浙江”具有人文构成的丰富性。正是在此意义上，“宋代浙江”不但是历史上的一个行政区划，更是一种文化地理的地域化表述。

需要指出的是，“宋代浙江佛教”在江南佛教地理上具有“全域化”的典型性。所谓“全域化”，是指“宋代浙江”地区的佛教形态（寺院生态）涉及江河小流域、海域、平原、山区等多地理形态。因此，“全域佛教”可以说是构成“浙江佛教”最为显著的区域特色。地域形态的多元存在，虽然并不成为影响佛教文化生态的决定性因素，但对于该地区佛教生态的构成必定产生一定的作用。

从区域佛教文化研究的方法论视域来看，区域性的研究，虽然属于“部分”的研究，但“部分”同样能够反映“整体”，成为“整体”的重要内容。因此，对于区域性的人文研究，既不能不加辨别地扣上“地理决定论”的帽子，更要避免单纯的“区域主义”。其实，在特定的时空内，对于包括宗教现象在内的人类历史现象进行文化地理考察，不仅可以更加立体地呈现不同区域的历史文化现象，而且可以深化对整体历史文化现象的思考。

至于宋代道教在南方的发展，虽然呈现出唐五代道教的承绪性，但不同于李唐时期的道教定位，表现出一些不同的演进趋势。其中，宋代道派的相继形成，现象突出，引人注目。北宋建立后，统治者实行尊崇道教的政策。宋真宗和宋徽宗两位皇帝十分热衷于炼丹成仙，于是编修道藏，大建宫观，册封神仙，掀起了崇道的热潮。北宋时期，符箓派兴起，其中以茅山宗最为兴盛。宋徽宗大观元年(1107)，还在杭州吴山建中兴观（东岳庙前身）。

北宋时期最为著名的道士当属全真南宗祖师张伯端。其所创立的道教南宗，被称为紫阳派。宋大中祥符五年（1012），张伯端返回天台，住持天下著名的桐柏山崇道观，详究道教学说，用毕生所学著成《悟真篇》。他主张道、儒、释三教合一，曾与刘奉真等人“广宣佛法”，用佛教思想来解释道教教义，主张先命后性(北宗主张先性后命)。全真南宗在宋、元时期盛行江南，与黄岩委羽山全真北宗龙门派齐名。天台桐柏山崇道观史称道教全真南宗的发祥之地。在浙江，金丹派南宗对宋代尤其是南宋儒家理学的形成产生了一定的影响，而且在金元之际，全真道的汇合对道教尤其是元代全真道的发展起到了巨大的作用。南宋定都临安，全国政治、经济、文化重心南移，浙江、江西、福建成为全国最重要的地区，因而也成为白玉蟾云游传播道教最为关注的地区。

作为创立神霄派的一代宗师，温州永嘉人林灵素撰著有《释经诋诬道教议》一卷、《归正议》九卷，明确主张用神霄雷法行祈禳劾召之事。作为一种聚众式的行动主义道教，神霄雷法饱受争议，《宋史》称其惑众僭妄，众皆怨之，在京四年，恣横不悛，斥还故里。正史记载中，多有厌恶之言词，而许多非官方的文章则对其颇有嘉奖。同为神霄派道士的还有吴兴（今浙江湖州）人莫月鼎。南宋时期神霄派之所以仍然兴盛，并分衍出众多支派，除了神霄派的大师们竭力弘道之外，更是基于这一历史时期的社会土壤。

宋高宗赵构（1127—1162年在位）仓皇南渡之后，惊魂甫定，即着手营建或重建宫观，延揽羽流。一方面通过行政措施给予道观各种扶持政策，助其生存或扩展；另一方面，同样通过各种行政方式加强对道教事务的管理，引导树立良好的道教公众形象，特别是强化道教教义劝善教化的功能。如宋理宗（1224—1264年在位）特别喜欢《太上感应篇》，于绍定六年（1233）授意太乙宫道士胡莹微重刊《太上感应篇》，并亲书“诸恶莫作，众善奉行”列于卷首，让当时大儒真德秀代作序、跋，朝臣宰相郑清之撰写赞文，广为传播。此举为后世道教劝善书的风行具有典范意义。宋宁宗赵扩对道士张道清、包道成、张成果、王景温、张可大等均甚宠爱，并亲自为显庆观题额，继孝宗之后进一步掀起对真武的崇拜。

由于政治版图的时局环境，南宋道教的发展几乎就是江南道教的发展。江南一直是中国道教活动的中心地区，南宋的政治格局更使江南道教获得了更多的发展机遇。历史上许多著名的江南道教宫观，都在这一时期得到了较大发展。张继先的“正一雷法”，得到北宋亡国之君宋徽宗的宠幸。另外，此时还衍生出了王文卿的神霄派、雷时中的天心派、黄舜申的清微派、宁全真的东华派和何真公的净明道等新道派。白玉蟾发展了内丹修炼，创立了先命后性、性命双修的金丹南宗。而宋元之际温州苍南的林灵真所开创的道教东华派，则直接参与抵抗元军的实际行动。

至于传统宗教参与地方名胜的构成，几乎是古已有之的历史铁律。“天下名胜僧道多”，一语道尽此一铁律的无尽魅力。如宋代浙江佛教对于杭州西湖，对于宁波南湖，对于雪窦山、天童山，对于余杭径山，更不必说作为天台宗祖庭的天台山，都注入了宗教文化的元素。

宋代道教“洞天福地文化”之于浙江名胜的加持，同样令人称道。洞天福地是道教代表性的活动场所，历代高道在此修行传道，加之景色秀丽宜人，其在道教中占有极其重要的地位。根据老子《道德经》的理论，“道”是元始祖气，道生一，一生二，二生三，三生万物。故天地之间，有洞天福地。唐司马承祯编纂《上清天地宫府图经》、杜光庭著《洞天福地岳渎名山记》，列出了十大洞天、三十六小洞天、七十二福地。浙江因为山川灵秀，洞天福地特别多，道教十大洞天，浙江即居其三；三十六小洞天，浙江居其九；道教七十二福地，浙江占有十八处。于此可见宋代浙江道教在当时影响之大。

四、转化愿景

从历史文化交流互鉴的意义上说，宋型宗教是让当时世界认识中国、了解中国的一个重要窗口。宋型宗教（特别是宋型佛教）更是当时主导东亚文明的一支重要力量。从宋代浙江佛教在此进程中的巨大成就可以明显看到，宋代浙江佛教具有的“东亚性”及其主动“走出去”的“海洋意识”，可成为切入宋型宗教时代转化的一大突破口。

（一）宋代浙江佛教的“海洋意识”与文化交流互鉴的“东亚模式”

在当代学术界，“东亚性”多被用于表示现代化过程中东亚地区文化上的认同，在某种意义上可视为东亚“现代性”的观念呈现。其中，尤以占主流的儒家思想文化为典型，并因此而归结出儒学的“东亚性”。如杜维明在《东亚价值与多元现代性》一书中认为，儒家在东亚现代性中扮演着重要的角色，儒学可以作为现代东亚复兴的力量源泉。诉诸宋代浙江佛教的历史实情，早在北宋时期，即有“入宋求决”的日僧与佛教思想家四明知礼之间的佛学活动。

作为历史的“东亚性”，佛教文化的贡献，不仅先行于儒家传统，而且其持续性远甚于儒家思想。在此所描述的“（浙江佛教）东亚性”，主要是对北宋东亚地区（北宋、日本和高丽）佛教文化演进过程中一些共同特征的概括。在东亚佛教文化交流史上，至少具有两大代表性例证：一是高丽僧统义天（1055—1101）“入宋求决”于“晋水教主”慧因寺净源（1011—1088）所呈现的东亚华严学的共同传统（如对法藏《华严五教义》的普遍关注）；二是日本“惠心僧都”源信（942—1017）派弟子寂照（962—1034）“入宋求决”于四明知礼（960—1028）所呈现的东亚天台学的共同传统。前者以浙江杭州为中心地区，后者则以宁波（明州）为中心，无疑都是宋代佛教的产物。但后者不仅在时间上先于前者，而且由于天台学在北宋时期的强势地位，其历史影响亦更深远。透过对这一事件的历史辨析，从中可以看到宋代浙江的佛教学僧在其弘法活动中所呈现出来的“东亚性”及其“海洋意识”。其背后的话语力量，则源于宋代浙江的佛教学僧对于佛教义学的系统阐释与深刻论述。

（二）让文物、历史、文化共同发声：细致清点宋代浙江宗教的综合家底

宋代浙江宗教的综合家底，其一大构成，首推宋代宗教建筑(包括佛教寺院和道教宫观)。

佛教寺院是佛教僧人聚居及开展佛教活动的场所，既是佛教最重要的文化标志，更是佛教文化流传的空间载体。寺院文化本身承载着佛教文化的历史变迁，甚至寺院的历史本身就是佛教中国化进程的历史写照。佛教寺院的出现，几乎伴随着佛教从印度传入中国的初始阶段。相传汉明帝在洛阳创建白马寺，为我国佛教寺院之始，至今已有2000多年历史。早期的佛教寺院主要以舍宅为寺。隋唐以后，佛教寺院创建越来越普遍。浙江历史上的大多数佛教寺院皆兴建于此一时期。浙江佛教寺院之“古”，盖源于此也。

古寺，不仅特指佛教历史意义上的古老寺院，同时也是一种深植于历史长河中的文化意象，并且是在广大民众中具有普遍影响的历史记忆与独特的文化符号、文化景观。因此，古寺也是一种具有中国元素的文化现象。对于具有中国文化元素特色的众多古寺，我们或许会记起宋徽宗赵佶著名的“深山藏古寺”，也会想到唐代诗人常建《题破山寺后禅院》中所吟诵的“清晨入古寺，初日照高林。曲径通幽处，禅房花木深”。通过文人入诗、墨客入画，古寺渐成为一道文化记忆的风景线，甚至衍化成“天下名山古寺多”的景观常态。

对于浙江古寺的探踪寻迹，可谓是近100多年来一个颇为引人注目的文化现象，并在很大程度上充实了近代浙江佛教的人文地理或文化地理内容。早在1912年，江苏佛教居士高鹤年先生（1872—

1962，江苏兴化人）在上海《佛学丛报》第3期《文苑》栏目开始连载《名山游访记》，1935年首次结集出版，至1948年补编再版，短短十余年间，竟先后印刷了六次，成为民国时期佛教纪游文学中的经典之作。1956年，此书又增加了“外编”“增编”两万余字，始成“定本”。《名山游访记》记述了当时浙江湖州、杭州、台州、温州、宁波、普陀山等处的诸多古寺，为后人存留了许多珍贵的浙江佛教景观，至今仍为人们所传颂。1918—1924年，日本佛教学者常盘大定（1870—1945）、关野贞（1868—1935）组织田野调查团，亦曾在浙江从事佛教文化史迹调查工作。通过照片、图解和文字并用，记录了不少浙江古寺的风貌，如杭州雷峰塔、保俶塔、灵隐寺、净慈寺、天竺寺、凤林寺、昭庆寺、高丽寺、圣水寺、玛瑙寺、梵天讲寺、闸口白塔、六和塔、云栖寺、孝义庵太素锦庵塔、飞来峰、径山寺，宁波延庆寺、宝云寺、天封塔、天宁寺、岳林寺、雪窦寺、天童寺、阿育王寺，普陀山潮音洞、磐陀石、太子塔、普济寺、法雨寺，绍兴大善寺、塔山等。1934年五六月间，日本禅宗学者铃木大拙（1870—1966）来到中国，撰写了《中国佛教印象记》，亦曾寻访杭州净慈寺、昭庆寺、灵隐寺、上天竺寺、清涟寺、紫竹林寺及宁波天童寺、七塔寺和普陀山等佛刹，考察并记录了当时浙江佛教现状，展现了“浙山浙水”“浙寺浙僧”的人文图景与生活场景。

具有中国特色的佛教文化历史悠久，影响深远。而浙江作为佛教历史文化资源极为丰富的区域，受到的影响更是明显。早在2006年首届世界佛教论坛上，时任浙江省人大常委会主任的习近平同志，在开幕式致辞中就强调，浙江素有“东南佛国”之称，“江南名刹”灵隐寺、“海天佛国”普陀山等众多古寺名刹驰名中外。佛教传入浙江后，得到了迅速发展，佛教对浙江社会历史的发展产生了重要影响。浙江历史上高僧辈出，形成了独特的江南佛教风格。浙江佛教在对外交流中贡献突出，尤其与东亚和东南亚各国的佛教发展关系密切。历史上曾以“深山藏古寺”而著称于世的“诗画浙江”有着众多的“佛教（寺院）元素”，在加快建设“诗画浙江”、打造美丽中国建设的先行示范区的新时代进程中，当代“生态佛教（寺院）元素”亦不应缺席。

2017年4月19日，习近平总书记在广西考察时强调：“要让文物说话，让历史说话，让文化说话”；“要加强文物保护和利用，加强历史研究和传承，使中华优秀传统文化不断发扬光大”。2018年6月13日，习近平总书记在山东考察时再次谈到学习历史文化的重要性，强调要从历史中汲取更多精神营养，要加强国家重点文物保护，让优秀文物世代相传。浙江也同样通过“让文物说话，让历史说话，让文化说话”而展开浙江寺院文化长卷。

让文物说话。突出浙江寺院的“文物属性”，浙江佛教寺院中先后被纳入“全国重点文物保护单位”者42处，被纳入“省级文物保护单位”者35处，涉及建筑、经幢、佛教类古塔、摩崖石刻、遗址等，两者共计77处，可见浙江古寺的分量之重。“让文物说话”，充分展现了浙江寺院文化的历史底蕴。

让历史说话。一部寺院史，既是一部佛教文化史、佛教社会史，同时也是一部以僧人活动为主体的佛教生活史。有寺当有僧，寺由僧立，寺因僧兴，寺僧一体，是佛教活动的基本形态，也是传统寺院生活及其内在管理的一大规范。浙江寺院亦不例外。就佛教文化而言，吴越国主钱镠建都杭州，弘扬佛法，奠定了浙江作为“东南佛国”的基础。南宋所谓禅宗“五山十刹”，也以浙江寺院居多。元代在杭州设有行宣政院，管理南方佛教事务，更进一步确立江南作为佛教中心的历史地位。明清时期，佛教广泛渗透于民众生活之中，其文化影响更具大众化，表现样式更具多元化，影响至今。

让文化说话。佛教寺院曾是不同历史时期当地文化的重要载体，许多寺庙都与当地民众的日常生活有着密切关联。正如美国学者韩书瑞在其著作《北京：寺庙与城市生活（1400—1900）》一书中所说："寺庙的职责包括了类似于我们今天的图书馆、博物馆、公园、剧院、救济院、消防队、市场、旅游景点等场所可以发挥的各种非宗教的公共职能。"佛教有一句许多人耳熟能详的名言，称"法不孤起，仗境方生；道不虚行，遇缘则应"。浙江作为人文荟萃之地、国家级历史文化名城的聚集之域，要思考如何彰显佛教寺院的地方人文特色，突出其"名城之缘""历史之缘""文化之缘"。特别是对于杭州、宁波等"东南佛国"的核心区域或中心区域，要通过再现这些地区的"佛国之缘""佛化之缘"，最终落归于如何将其佛教历史文化之"缘"进行资源性转化，最终为"以文化人""以文育人"的"人文浙江"服务。

正如浙江佛教最能体现其独特性的"江南佛教风格"一样，浙江古寺文化同样具有浓郁的江南文化特色。通过博征文献，考诸实迹，遍访高贤，聚焦于名士、名僧、名寺、名诗等所呈现的古寺文脉，能够让人真切地领略到通古贯今、鉴古知今之风貌，融古今人文为一体，借寺观文（文物），因文（文物）见寺。

宋韵文化之宗教形态，应突出宋代浙江佛教的寺院形象，而这种突出或许可以从清点宋代浙江寺院及其所深蕴的综合家底开始。

阅读链接：

郭学焕：《浙江古寺寻迹》，浙江古籍出版社2018年版

赖永海主编：《中国佛教通史》（第九、第十卷），江苏人民出版社2010年版

卿希泰、詹石窗主编：《中国道教通史》（第三卷），人民出版社2020年版

牟钟鉴、张践：《中国宗教通史》（修订版），中国社会科学出版社2007年版

第十章　独步天下的科技高峰

宋代是中国科技发展的一个黄金时期，“四大发明”中的火药、指南针与活字印刷术应用于世，造纸术也出现划时代变革，产生世界性影响。唐宋时期士族阶层衰落，庶民阶层兴起，宋代文化主体下移，大量民间科学家活跃在历史舞台，为宋朝科技发展作出巨大贡献。宋代商品经济发展、市民文化繁荣，也促进了科学技术的进步。宋代北部边疆屡临强敌，面对艰难的立国形势，宋人居危思变，在技术上精益求精。这种创新求变的精神，至今值得我们学习。而且，宋朝政府重视民生，劝农重医，在技术推广上屡有善政，也值得我们借鉴。

一、基本特征

宋代文化表现出不同于宋之前的时代特点，这在宋代科学技术中同样有明显的表现。

（一）文化主体下移，民间科学关注度提高

宋代文化的一个特点是文化主体的下移。在宋之前，贵族阶层在文化发展中扮演主要角色。在宋之后，庶民阶层在文化中发挥越

来越重要的作用。科举制度虽产生于隋唐，但直到宋太宗进行进士科的“扩招”之后，庶民的上升途径才相对变得畅通。宋代产生了市民阶层，市民文化繁荣。这对宋代科学知识水平的提升也产生了积极的影响。以园林建设为例，宋代园林建设进入一个新时期。与前代庄园相比，宋代园林的经济生产属性降低，文化娱乐功能提升，很多园林别业成为人们游赏玩乐和举办文学艺术活动的重要场所。相应地，士大夫对花鸟虫鱼、餐饮娱乐的兴趣增强，产生了一大批谱录类著作，如北宋周师厚的《洛阳花木记》、欧阳修的《洛阳牡丹记》、刘攽的《芍药谱》、刘蒙的《菊谱》、范成大的《梅谱》等。饮茶习俗在唐宋时开始流行起来。茶相较于一般食物，更具品尝价值与文化意味，比较符合士大夫的口味。继唐陆羽著《茶经》之后，宋人崇尚建茶，出现大批与建茶相关的著作，如丁谓《北苑茶录》、蔡襄《茶录》、宋子安《东溪试茶录》、黄儒《品茶要录》、熊蕃《宣和北苑贡茶录》、赵汝砺《北苑别录》等。这些著作往往含有大量科技内容，反映了宋人生物学、农学的知识水平。

宋代文化主体下移的另一个表现是宗教世俗化。禅宗是佛教中国化的典型宗派，它强调日常劳作，于平时生活中修行，从而获得大批信众。佛教文化的繁荣从两方面对宋代科技发展产生深远影响：一是大量佛经印行，促进了雕版印刷术与造纸技术的提高；二是佛寺修建，促进了中国建筑技术的成熟。园林与寺观建设是宋代建筑学发达的两个重要原因。宋代出现了喻皓与李诫两位建筑学家，出现了《木经》与《营造法式》两部建筑文献，它们对建筑工程的操作与工料估算都有了比较严密的规定。

宋朝欺后周皇帝年幼，以兵变得天下。澶渊之盟后与辽互相承认对方为“皇帝”，出现“天有二日”局面，因此，宋朝廷对政权正统性一直高度敏感。宋朝非常重视天文历法，一方面严禁民间私习天文，苛以重罪；另一方面，频繁修历颁历，以宣示正统。宋朝在天文学上取得了很多成就。北宋时期先后进行过五次恒星位置测量，其中元丰年间的观测结果被绘成星图，刻在石碑上保存下来，这就是著名的苏州石刻《天文图》。北宋中期，苏颂和韩公廉主持制造了水运仪象台，是当时世界上最先进的天文钟。燕肃发明莲花漏，逐渐取代秤漏，成为最主要的计时仪器。宋代民间盛行盂漏、田漏等计时仪器。

历法在宋朝经常被当作与辽斗争的外交武器。朝堂上经常发生历法之争。虽然朝廷禁止民间私习天文，但民间研习天文的风气仍甚为兴盛。在实际制定历法时，民间天文学家经常参与朝廷历法的讨论。有宋三百多年间，北宋颁历9部，其中仪天、奉元、占天、纪元4部历法出自民间天文学家之手。南宋颁历7部，除第七部记载不明外，其余全部出自民间天文学家之手。而且，这些民间天文学家制定的历法质量相当高。北宋时沈括推荐盲人天文学家卫朴编制的《奉元历》，实测比崇天历更准确。姚舜辅先后编定占天、纪元二历，其中《纪元历》是宋代最有创造性的历法，首创利用观测金星来定太阳位置的方法，奠定了元代郭守敬之前中国历法的基本走向。南宋杨忠辅的《统天历》确定的回归年数值为365.2425日，和现行公历的平均历年完全一样，比西历颁行（1582）早383年。这说明，宋代，天文在民间有深厚的群众基础。

（二）商品经济对科技发展的刺激作用前所未有

从唐代中后期开始，城市的交易场所不再局限于原先的“市”，商行店铺临街而立，在城市之外，一些自发的交易场所——草市集镇也普遍兴起。交易场所的扩大，改变了人们的生活方式。随着农业、手工业生产的发展，全社会用于交易的商品数量急剧增加。国家征收的赋税中，货币比重不断扩大，加上募兵制与募役制的推行（实际上是劳动力的货币化），全社会对货币的需求急剧增加。唐代中期以后，中国开始出现“钱荒”，至宋益甚。宋代的货币制度的复杂前所未有。铜钱仍是最主要的货币形态，纸币开始大规模印行，铁钱、夹锡钱也被大量铸造，还出现“当五钱”“当十钱”等名目。同时，金银与丝织品在一定程度上扮演着货币角色。这种币制的复杂状况，正反映了货币需求与商品数量不相适应的状况。这极大地刺激了铜、铁等金属的开采与冶炼，胆水浸铜法在宋以前就已有之，但到宋代才得到普及，胆铜生产成为宋代新兴的化学工业门类。宋代其他冶金技术也得到长足发展，出现了铜锌合金——黄铜。纸币的印行也促进了造纸与印刷技术的进步。

随着商品经济的发展，以盐为代表的特殊商品在国民经济生活中的重要性进一步提高。盐是人们的生活必需品，但它不像粮食、纺织品那样可以自给自足，常由政府专营，成为国家调控经济的重要手段。这刺激了制盐业的发展与采盐技术的进步。宋代三大盐种——海盐、池盐与井盐，在制造技术上都出现较大革新。海盐，唐宋以前为淋卤煎盐，宋以后出现淋卤晒盐。四川井盐，出现卓筒井和顿钻技术。河东解池发明了种盐法。

商品经济的发展也改变了政府管理体制，理财在政府管理体系中的作用不断加强。在宋以前，中国的改革大多围绕社会问题进行；在宋之后，中国改革大多围绕财政问题进行，如宋之王安石变法、明之张居正改革等，莫不如此。财政问题不仅影响政局变易，甚至影响国家兴亡。商品经济与理财体制，从两方面影响了宋代科学技术的发展。一是用纸需求增大，促进了造纸技术的进步。二是促进了数学的发展。北宋第一次印刷出版了《算经十书》，对前代数学典籍进行了总结。宋代还涌现出一批数学家，如周琮、沈括、贾宪、刘益、秦九韶、李冶、杨辉等。数量之多，是前所未有的。周琮的以高次函数计算天文数据的算法，沈括的高阶等差级数求和，贾宪的三角（二项系数表）与增乘开方法，刘益的高次方程数值解法、一次同余式组解法，李冶的勾股形解法，代表了当时世界数学的最高成就。天文学的进步、商品经济的发展与理财体制改革是宋代数学发展的三个重要原因。秦九韶著《数书九章》，其中田域、测望、赋役、钱谷、营建、军族、市物等，都是围绕这些实际问题展开的。

（三）对外文化交流从陆地转向海洋，促进航海技术进步与对外科技交流

唐中期以后，吐蕃、回鹘、党项等民族先后崛起，西部、中原人民与西方交往的陆路交通受阻。到宋朝，即使与近邻高丽，由于辽、金阻隔，也无法通过陆路进行交流。宋朝对外交往主要依靠海洋，这刺激了宋代造船技术与航海技术的发展。宋代指南针用于航海，造船技术上也出现很多创新成就，如：船坞使用滑道下水法；先造船模，再按比例放大造船；附有小船、可升降舵、密封隔舱的万石船；船头包铁皮、横尖锥的破冰船，等等。

随着航海业的发展与对外交流范围的扩大，中国的丝绸、瓷器等商品，通过海上丝绸之路流向世界各地，而一些新的农业品种如占城稻、棉花，也借此传入中国，促进了农业科技的发展。

二、历史地位

宋代出现很多技术改进和新发明，开启了一个崭新的时代，深刻影响了中国和世界。

（一）“四大发明”产生世界性影响

近代以来，西方不断有学者阐述中国三大发明——火药、指南针、印刷术的世界性影响，其中最有代表性的自然是马克思在《机械、自然力和科学的应用》中的话，他说：“火药、指南针、印刷术——这是预告资产阶级社会到来的三大发明。火药把骑士阶层炸得粉碎，指南针打开了世界市场并建立了殖民地，而印刷术则变成新教的工具，总的来说变成科学复兴的手段，变成对精神发展创造必要前提的最强大的杠杆。”而这三大发明都在宋代完成。

▶《马克思恩格斯全集》第 47 卷

（1）火药。火药是由硝石、硫黄和含碳物质经过均匀搅拌而成的混合物。三者混合燃烧时会出现燃爆现象。它最早是由炼丹家在炼制“长生药”过程中发现的。火药武器在唐末已用于实战。北宋时开封设置火药作坊，“火药”一词也正式问世。北宋中期问世的军事著作《武经总要》在守城器械部分，列举了引火球、火药鞭箭、霹雳火球等多种火器，并记载了蒺藜火球等火器的火药配方。这是世界上最早的火药配方。宋代火药武器技术得到较大发展，南宋军队配备的火药兵器有火箭、火枪、突火枪、铁火炮、霹雳炮等。开庆元年（1259），寿春军民发明了名为“突火枪”的管形火器，在巨竹筒内装火药和“子窠”，点燃后将“子窠”发射出去。“子窠”是后世子弹的前身。发射“子窠”的管形武器的发明，是世界武器制造史上划时代的进步。13世纪，中国火药随着蒙古西征军传入阿拉伯和欧洲。

（2）指南针。中国人早在战国时代就已经发现了磁体的指极性，并用它制成“司南”来辨别方向。到宋代时，人们对磁体指极性的应用更进一步，将其广泛应用于航海。沈括在《梦溪笔谈》中记载了当时指南针的使用情况和磁针的几种使用方法，并比较其优劣。据《萍洲可谈》《宣和奉使高丽图经》《诸蕃志》和《梦粱录》等文献的记载，至晚在北宋后期，指南针已用于航海。航海技术的提高，反过来又促进了指南针的改善和发展，南宋时创造出了更适用于航海的磁罗经，也称磁罗盘。12世纪，船用磁罗经通过阿拉伯传入欧洲后，欧洲海员也开始使用。

（3）印刷术。唐代已经出现雕版印刷。北宋庆历年间，毕昇发明了用胶泥制的活字印刷术。南宋时，周必大也曾用胶泥活字和铜版印刷自己的著作《玉堂杂记》。毕昇的活字印刷术，比欧洲早四百年。虽然中国的活字印刷在实际应用上并未像雕版印刷那样普及，但它在世界文明史上仍具有开创性意义。

（4）造纸术。19世纪末，一些西方学者开始将造纸术与前“三大发明”并列。20世纪三四十年代，“四大发明”说渐渐在中国流行。但说到宋代科技成就，人们往往只提到火药、指南针、印刷术这三大发明。实际上，造纸术虽在汉代就已完成，但在宋代出现了划时代的变化，其影响绝不亚于前“三大发明”。在宋之前，麻是造纸的主要原料，宋代从以麻为原料向麻、竹、木、草、皮多原料转变。造纸技术提高，造纸成本降低，纸的品种更加多样化，特种纸出现。宋代，官府管理细密化，商品经济快速发展，市民文化日益繁荣，科举与教育事业不断发展，佛经大量印行，导致对纸的需求非常大。没有大量低成本的纸张，上述各种进步，是根本无法实现的。宋代造纸术的进步也对社会生活各个领域产生影响。不同领域对纸质的要求不一样，如用于书画的，质量要求比较高。宋代是中国书画艺术的黄金时期，这与宋代纸质的提高有密不可分的关系。宋代出现了很多适于书画的名牌纸品，如“澄心堂纸”。宋代有很多巨幅绘画，这也有赖于宋代巨幅纸张的制造技术。也有一些场合用纸，对纸张的质量要求并不那么高，如烧纸钱。宋代烧纸钱习俗流行，有赖于造纸原料的多样化与廉价纸的产业化。至于造币用的楮纸，不但质量要求高，为防伪需要，政府还要对原材料加以管控。

（二）多个科技领域发生承上启下的结构性变革

除造纸外，宋代科技在其他多个领域都产生突破性变革，取得划时代的成就。

宋代农业在品种和技术上都发生了结构性变化。唐之前，中国主食构成基本是南稻北粟，唐代小麦种植扩大，稻、粟、麦三分天下，各有其一。北方人口大量南迁，把饮食习惯带到南方，促进了小麦在南方的种植，稻逐渐取代粟在粮食供给体系中占据地位。北宋时江淮一带发生旱灾，政府推广种植占城稻，稻的主食地位进一步加强。宋代以后，畜牧业萎缩，蚕桑业地位提升，所修农书多以“农桑”二字命名。在经济作物种植上，棉花在宋以前仅在边疆地区零星种植，宋代以后开始在江南地区广泛种植，虽还没有取代麻的主导地位，却深刻改变了中国社会的穿衣习俗，为从麻时代走向棉时代奠定了基础。油料作物同样发生巨大变化，宋代以前，中国主要油料作物是汉代从西域引进的芝麻（脂麻），随着经济重心南移，“油菜”之名开始出现在宋代文献中，油菜种植也在长江流域发展起来，弥补了因畜牧业衰退而导致的食物脂肪不足。在其他经济作物上，茶的种植和饮用开始普及。在蔬菜作物中，菘（白菜）、萝卜发展成为主要蔬菜品种。

农作物的结构性变化引起了农业技术的革新。首先是耕作制度的变革。北方旱地耕作技术在魏晋时期已基本定型，宋代南方地区随着水田耕作技术的发展，出现了很多新式农具。最著名的是曲辕犁，又名江东犁，晚唐时已在南方地区出现，至宋更为普及。此外，还有了很多与水田耕作有关的农具，如耘爪、耥耙、薅鼓、田漏等，还出现了稻篅、笐和乔扦等晾晒工具，以及插秧用的秧马、秧弹等工具。一些地区还出现了开垦荒地的专用农具犁刀，附加于犁，以牛牵引开荒。一些原有农具为适应水稻生产的需要得到进一步使用，如铁搭（铁齿耙），这种农具在战国时已经出现，唐宋以后南方地区开始大量使用，在一定程度上弥补了耕牛不足。

南方地区人口增加，人地矛盾尖锐，刺激了稻麦二熟制的发展和山地经济作物的种植，推进了土地的多样化利用。南方地区出现了畲田、梯田、圩田、葑田、沙田、涂田等多种新兴的土地利用形式。同时，陂塘湖堰水利工程也广泛兴修或改建。此外，农业动力也得以创新，除人力、蓄力外，水力得以广泛运用，出现了水转翻车等农具。

作物变化同样对纺织技术进步产生影响。宋代南北方都已出现“机户”，在部分地区，还出现利用自然动力，适应集体化作坊生产的多锭式“水转大纺车”。纺织业各工序，纺、织、染、整工艺日趋成熟。织品花色繁多，现在所知的主要织物组织（平纹、斜纹和缎纹）到宋代已经全部出现。宋代广西夏布生产中已出现浆纱技术，布匹生产率进一步提高。宋代提花机更臻完善，南宋楼璹《耕织图》

绘有一台大型提花织机，是世界上最早的手工提花织机的图像。

宋代是中国医学发展承上启下的一个时代。北宋灭亡，宋金对峙，使得南北医学分裂，双方几乎没有医学交流。北方金元地区在医学理论上发生激烈争辩，产生医学流派。南宋医学更偏重于临床，追求简约实用。南宋时太医局改称“太平惠民局”，《和剂局方》也被改称为《太平惠民和剂局方》，其医学也因此被称为“局方医学”。宋代医学虽没有像金元医学那样产生众多流派，但专科医学却取得很大发展，人们看病开始分科，出现了一批专科医学家和医学著作，如：北宋有儿科医学家钱乙，撰有《小儿药证直诀》；南宋有儿科医学家刘昉，撰有《幼幼新书》；陈自明既是妇科专家，也是外科专家，撰有《妇人大全良方》与《外科精要》。宋代针灸教学取得很大成就，王惟一撰写《铜人腧穴针灸图经》，并主持制造等身大针灸铜人两具，对后世针灸学产生深远影响。宋代诊断医学也取得很大发展，《脉诀》流行，江西庐山一带的医学家们创立“四脉为纲”的脉学体系，被称为“西原脉学”，对后世脉学产生深远影响。南宋的法医学更取得突破性进展，宋慈撰写了法医学名著《洗冤集录》，基本包括了现代法医学尸体外表检验的大部分内容。

（三）科技记录更丰富，科学认知水平进一步提高

宋代文献类型更丰富，是地方志、类书与笔记小说的大发展时期，这些文献相较于传统典籍，包含更多科学类内容，反映了宋人的科学认知水平的进步。

宋以前中国的方志，大多以地记、地志、图经、图志等名目出现，除少数总志外，大多篇幅短小，内容单薄。宋代方志发展进入兴盛期，体例完备，内容宏富，并正式定型。方志中包含有大量科

学史的资料，其中最丰富的自然是地理方面的资料，如山川、植被、农作物、矿产等。宋代还出现很多以“博物”为特色的地方志，如宋祁《益部方物略记》，记草木之属四十一，药之属九，鸟兽之属八，虫鱼之属七。又如范成大著《桂海虞衡志》，有志岩洞、志金石、志香、志酒、志器、志禽、志兽、志虫鱼、志花、志果、志草木、杂志、志蛮等13篇。这些专门方志，所记科技内容更为丰富。

中国类书始于魏晋，发展于隋唐，到宋代才开始繁盛。类书是为人们写作诗文时查找素材用的一种分类工具书。宋代科举制的发展，促进了类书的编撰。类书有综合性的，也有专门性的，它们很多包含有丰富的科学内容。如《艺文类聚》共100卷，约分天、岁时、地、州、郡、山、水、符部、帝王后妃、储宫、人、礼、乐、职官、政治、刑法、杂文、战伐、产业、衣冠、食物、杂器物、巧艺、方术、百谷、鸟、兽、鳞介、祥瑞、灾异等46部，约三分之一内容与科学直接相关。一些专业的类书，科学记录就更丰富，如《全芳备祖》实际就是一部植物学的百科全书。类书的成熟实际上反映了宋人科学分类思想的成熟。

宋代也是笔记大发展时期。宋代笔记往往记录作者所见、所闻、所思，内容包罗万象，写法无一定之规。其中也含有很多科技内容，有很高学术价值。如周密《齐东野语》记载了针灸铜人资料，叶梦得《岩下放言》、赵与时《宾退录》记载了宋代《五脏图》绘制经过。宋代科学笔记最有名者莫过于沈括的《梦溪笔谈》。《梦溪笔谈》本来并不是一部科学专著，而是一部包括文学、艺术、官制、史学、考古等内容的综合性笔记体著作，但因其科学价值尤其高，到今天以科学著作闻名于世。《梦溪笔谈》既有科学史料的记录，如毕昇发明活字印刷术，宋代制作立体模型地图，等等；也记录了一些科学实验，如共振研究与弦共振实验，通过实验发现凹面镜成像焦点与成像规律。当然，更多内容是沈括自己对一些科学现象的发现、思考与解释，如物理学上的磁偏角，数学上的隙积术、会圆术，地理学上对雁荡山的构造原理与华北平原成因等的解释。

三、当代价值

宋代是中国科技发展的黄金时期，宋朝政府的科技政策，既有经验，也有教训，值得我们引以为鉴。

（一）探索求真，勇于创新，掌握关键技术，完善科技风险管理体制

五代割让燕云十六州，使中原王朝丧失了一道地理屏障。宋初，河北平原多次遭受契丹铁蹄蹂躏。澶渊之盟后，宋辽虽然罢兵言和，但两国仍互相防备，河北平原从唐朝的腹心之地沦为边防重地。契丹之后，女真、蒙古先后崛起于北方，这三个游牧民族的军事力量一个比一个强，加上党项民族建立的西夏政权一直在西北虎视眈眈，中原王朝面临前所未有的军事压力。

因此，宋朝政府十分重视武器技术的改进，宋朝的武器制造达到了冷兵器时代的巅峰。首先是作为武器制造基础的钢铁冶炼技术取得很大进步。冶铁高炉改进，当时使用的圆筒形或口小膛大的圆梯台形冶铁炉，上部炉壁内倾，热量耗散小，有利于保持高温。炉壁使用耐火性好的材料，能冶炼出优质的钢铁。宋朝还出现了一种可移动的化铁炉——行炉。宋朝开始使用木风箱吹氧，与以前的皮囊鼓风装置相比，鼓风量更大，操作更方便。大量使用煤炭作为冶

铁材料，不但解决了燃料不足的困难，也有利于提高炉温，缩短冶炼时间。宋人使用“灌钢法”炼钢，或用铁矿石直接炼成“镔铁”。宋朝还发明或改进了很多武器，特别是射远类武器成为军队的主要装备，也是对付游牧民族骑兵的利器。弓弩得到巨大发展，出现了单弓弩、双弓弩、三弓弩、神臂弓、神劲弓等新式弓弩。用于攻城的抛石类武器也得到发展，宋代开发了许多新式“炮”，广泛应用于防守战之中。为了对付北方游牧民族的骑兵，宋朝还发明了多种战车，并在河北地区建设淀泊工程，广植树林，限制骑兵奔冲。此外，宋人还发明了无底船、车船等新式战船。北宋仁宗时期，曾公亮主持编写了军事著作《武经总要》，其中营阵、兵器、器械部分，都配有详细的插图，形象地展示了当时的各种武器装备，是研究中国古代军事技术史的宝贵资料。

宋朝还以军品监为核心，建立了严格的武器制造与管理制度，包括武器质量检验、武库武器出纳等，详尽严密。而且，宋朝武器制造实行标准化生产，宋朝于熙宁九年（1076）颁布了由军器监负责编纂的《军器钦定法式》，内容多达110卷，推行于各路作院。

宋代是个变革的时代。宋王朝面临危局，能自力更生，努力去掌握关键技术，这是值得我们学习的。但对于宋朝军事力量，世人每以“弱宋”称之。如果纯以军事技术来衡量，宋朝的军事实力是超过北方诸族的，但官僚的腐败与军事体制的僵化限制了军事实力的发挥。宋朝虽然掌握了先进的火器制造技术，但整个武器制造体系仍以工艺完善、制作迅速的冷兵器为核心。相比之下，北方契丹、女真、蒙古对于武器的变革更敏感，也更善于学习。辽朝认识到火药的重要性，利用间谍体系，得到了火药制作工艺。女真在第一次侵宋战争中吃了火药武器的苦头，之后依靠掳掠的汉人工匠，迅速仿制火药武器，并在第二次侵宋战争中将火药武器实际应用到战场上，直接导致北宋灭亡。今天我们正处于百年未遇的大变局中，国际局势之复杂，环境变化之快，风险挑战之多，更甚于宋朝。一方面，我们拥有强大的制度优势，2020年以来在战胜新冠肺炎疫情中展示出强大的力量；另一方面，我们还有很多卡脖子技术有待攻克。我们要学习先人坚韧不屈和勇于创新的精神，自力更生，努力掌握关键技术。同时，我们从宋朝的经济实力强大、军事技术先进而依旧灭亡的历史中吸取教训，要把技术优势和制度优势牢固地结合起来，开展国防教育，培育民族精神，推进科技风险管理体系建设。

（二）注重民生，坚持科技成果服务于全体人民

宋代科技政策也有很多值得我们称道的地方，其最善者莫过于劝农重医、关注民生。

宋朝政府非常重视农业生产，常推广一些农业新品种、新技术或新工具。比较典型的例子，如淳化五年（994）政府推广踏犁，宋太宗推广种麦，宋真宗在江淮地区推广占城稻，等等。

宋代地方官员都兼劝农官，由此产生一种新文体《劝农文》。宋代的劝农文中，虽不乏形式主义的作品，但其中也有很多实实在在、技术含量很高的内容，在促进宋代农业技术进步中发挥了积极作用。宋代的官员和士大夫重农思想非常普遍，他们勤于撰写农学著述，私人撰写农书的现象增多，著名的农业著作有北宋秦观的《蚕书》，南宋曾安止的《禾谱》、曾之谨的《农器谱》和陈旉的《农书》。至于一些经济类作物的谱录，如茶、笋等，相关著作的数量更多。

还有一些士大夫则用图绘等形式展示、传播农业技术，如楼璹编绘的《耕织图》，有耕图21幅、织图24幅，每图配以五言八句，

反映了当时农业技术水平。

唐、宋两朝的很多皇帝都崇尚道教，但他们崇道的方式却有所不同。唐朝皇帝喜欢炼丹，有的因此死于非命。宋朝皇帝不喜欢炼丹，自古医道不分家，宋朝皇帝热衷于编写本草和医方。中国官方编写本草，始于唐代的《新修本草》。宋代编写本草更勤，数量之多，规模之大，都胜过了唐朝。宋太祖时编《开宝本草》，宋仁宗时编《嘉祐本草》。同时，在宋仁宗嘉祐年间，著名科学家苏颂又在大规模药物普查的基础上主持编写了《本草图经》20卷。宋哲宗元祐时，又将嘉祐时期的两部本草合而为一，编为《重广补注神农本草图经》。宋神宗元丰时，唐慎微编写了《经史证类备急本草》，但这部书直到宋徽宗大观时才在杭州刊行，称为《大观经史证类备急本草》，政和年间又加以补充补正，刊为《政和新修经史证类备用本草》，大观、政和两部本草长期流行于世，为明代《本草纲目》之前最有影响的本草著作。

本草之外，宋朝政府又设太医局编写药方，推行医学教育。宋太宗时编《太平圣惠方》100卷、《神医普救方》1000卷，宋徽宗时又编《和剂局方》与《政和圣济总录》。勤于编写本草与局方，体现了宋朝政府对于民生的关注。宋朝官员和士大夫也多留意医学，编写私家药方。如著名科学家沈括就曾编写《沈氏良方》与《灵苑方》，后人将苏轼所编的一些方子并入《沈氏良方》，合刊为《苏沈良方》。宋仁宗时，因一些地方巫医盛行，人们得病不吃药，宋朝政府特地编写了《庆历善救方》，篇幅小，内容精，易于传播，让地方官推广。宋代文献中有很多地方官打击巫医、推广医学的记载。

宋朝政府也非常重视医学教育工作。熙宁时王安石变法，医学也是一项重要内容，以“三舍法”对医学生进行考试和选拔。

此外，宋朝政府还成立专门的医书编辑出版机构——校正医书局，在北宋时期进行了五次大规模校修医书活动，完成对中国宋以前几乎所有医学典籍的校勘整理工作。

总的来说，宋代庶民阶层兴起，文化主体下移，其医学也更多体现出平民医学的特点。宋朝政府劝农重医的政策，顺应了当时社会发展的趋势，为宋朝人口增加、社会进步与文化繁荣作出了贡献。当今世界正处于第四次工业革命的关键时期，这场革命将深刻改变世界，也改变中国。中国在移动互联网的应用、人工智能技术等方面已取得一定优势，要坚持科技惠民政策，使科技成果更多更公平地惠及全体人民，服务于共同富裕的远大目标。

（三）宋代浙江科技产业发达，是我们今天发展地方文化产业的宝贵资源

宋代是中国地域文化走向成熟的一个时期。唐宋之前，中国的地域分野与现在有较大差距，如“扬州之域”囊括现在整个东南沿海地区。至宋之后，中国的“道”“路”划分与现在的省域已经比较接近。以浙江为例，在五代之前，浙江区域内的州郡易置比较频繁，但自五代吴越国时期从苏州析置秀州（今浙江嘉兴）后，一直至清，杭、湖、睦（严）、越、明、婺、衢、台、温、秀十州府一直稳定地存在了近千年。

行政区域的固化为地域文化的成熟创造了条件。宋代出现了很多以地域命名的学派名词，如关学、洛学、蜀学、浙学等，这种现象是以前所没有的，这是地域文化成熟的一个重要标志。不但儒学如此，佛教、道教宗派的传播也明显表现出地域性特点。在科技领域，宋代出现一批具有地方特色的科技产业。如制瓷业，宋代是制

瓷业的一个黄金时期，有柴、汝、官、哥、定五大名窑，其他如北方的耀州窑、磁州窑，南方的景德镇窑，犹如群星闪耀。制瓷业因受瓷土原料影响，产品有明显的地域性特点。纸的制作也是如此，四川的藤纸、浙东的竹纸、江南的楮纸、江西清江的藤纸等，因各地原料的不同而各有特色。其他手工业，如丝织业，虽然原料差别不大，但制作工艺受到地方文化影响，也表现出地域特色，出现蜀锦、苏锦等地方性产品。又如印刷业，开封、杭州、西川、福建成为宋代的四大印书中心。

宋代地方科技产业中心的形成，在浙江表现得特别明显。早在五代十国时期，吴越国实行保境安民政策，重视农业，兴修水利，发展对外贸易，经济取得长足发展。至宋立国，长三角地区的扬州衰落，江宁（今江苏南京）在宋初统一战争中遭到破坏，杭州在五代时为吴越国的首都，至北宋则被称为“东南第一州”，成为东南地区的经济中心。南宋杭州更成为全国的经济、政治与文化中心。浙江的科技产业在经济重心南移的大背景下得到迅猛发展，在全国占据重要地位。

如印刷出版业，自唐以来就是浙江的优势产业。中国的雕版印刷，开始时主要用于印刷佛经。吴越国、两宋时，两浙成为全国佛教中心，促进了印刷业的发展。宋代四大印刷中心，杭州的刻印技术为天下第一。开封刻板虽可与杭州媲美，但纸张不如杭州。福建建阳县的麻沙、崇仁两镇集中了众多的书坊，印书量大，所刊书籍被称为麻沙本，但麻沙本印书质量较差，也不如杭州。北宋时活字印刷之所以诞生于杭州，与杭州印刷的产业化密切相关。

再如制瓷业，浙江自汉唐以来一直是青瓷制造中心，唐后期的秘色瓷更为世人珍视。其余如温州窑、婺州窑等，虽没有越窑那样有名，但产量也都很大。到宋朝后，越窑衰落，龙泉窑兴起。宋代五大名窑，浙江独占官、哥二席。北宋失土，南宋浙江更是借着地处畿辅、邻近外贸海港与瓷土资源丰富等优势全面兴盛。与浙江印刷品一样，浙江瓷器同样以优良品质闻名于世，非其他杂窑可比。

这些不但可以给我们今天合理规划地方产业提供借鉴，更可为我们发挥地方文化优势、振兴传统产业提供宝贵的文化资源。宋代浙江科技产业，除瓷、茶、丝、印刷之外，值得一提的还有浙江制酒业。浙江制酒同样有悠久历史与技术传承，北宋时曾在杭州开设酒坊的朱翼中著有《北山酒经》，书中所述造曲制酒之法非常接近现代的黄酒制造技术。书中“黄酒”一节谈到的加热杀菌以保存酒的方法，远早于欧洲，显示酒的杀菌技术是中国最早发明的。现在浙江仍是黄酒的重要产地。浙江是宋韵文化传承中心，宋代科技也是浙江发展文化产业取之不尽的历史源泉。

阅读链接：

刘俊文主编，杜石然、魏小明等译：《日本学者研究中国史论著选译》第10卷《科学技术》，中华书局1992年版

周谷城、徐余麟主编：《中国学术名著提要·科技卷》，复旦大学出版社1996年版

卢嘉锡主编：《中国科学技术史》，科学出版社1998—2008年版

吴文俊、沈康身编：《中国数学史大系》第5卷《两宋》，北京师范大学出版社2000年版

何勇强：《科学全才——沈括传》，浙江人民出版社2005年版

管成学、王兴文：《苏颂评传》，吉林文史出版社2006年版

孙小淳、曾雄生：《宋代国家文化中的科学》，中国科学技术出版社2007年版

管成学：《南宋科技史》，人民出版社2009年版

潘晟：《宋代地理学的观念、体系与知识兴趣》，商务印书馆2014年版

韩毅：《宋代医学方书的形成与传播应用研究》，广东人民出版社2019年版

附录　宋代浙江的藏书与刻书

典籍是文化的主要载体，离开典籍，文化无从谈起。典籍承载了文化的收藏和传播，至两宋时期星光灿烂，藏书和刻书犹如一对双子星，在天空闪闪发光，璀璨无比，江南地区最有代表性，尤其在江浙两省区域。传统的经史子集，诸如煌煌二十四史，先秦诸子书，一直到“大江东去，浪淘尽，千古风流人物”，充满宋韵的文人专集全靠藏书家的努力，得以流传后世。

一、藏　书

（一）宋韵书香：藏书楼遍布两浙大地

对典籍的收藏与保护，我们通常称为藏书。其由来已久，至少浙江从三国两晋南北朝时已开其端，两宋则是重要的发展时期，无论山村水乡还是通都大邑，藏书楼已普遍出现，所谓“诗书传家”“诗礼传家”“耕读传家”已具一定规模。民间私人藏书是主要形式，是传统的发展和继承。

若以地区而论，宋代两浙地区藏书主要分布在浙西和浙东地区的一些城市和乡村，杭州、吴兴（今浙江湖州）和会稽山阴（今浙江绍兴）及庆元府（今浙江宁波）是主要的地域。

1. 杭州

李清照护书两浙

说到宋元时期的浙江或杭州藏书，不能不提到李清照。李清照(1084—1155)，山东历城人。李清照是中国两宋之交的一位大藏书家，她的藏书活动，青年时期在河南开封，中年时期在山东青州，晚年则主要在浙东和浙西，最终定居杭州，为其亡夫整理和刊印耗尽一生心血而著成的《金石录》。

靖康元年（1126）发生了金人入侵汴京（今河南开封）的“靖康之难”，李清照和赵明诚夫妇四顾茫然，面对“盈箱溢箧”的藏书、金石、书画，怀着“且恋恋，且怅怅”的无奈心情，南奔建康(今江苏南京)。为护藏数十年来历千辛万苦收藏的典籍、古器、书画，只得“先去书之重大印本者，又去画之多幅者，又去古器之无款识者，后又去书之监本者……凡屡减去，尚载书十五车”。一路南奔，一路被迫丢弃，原携出之书“二万卷，金石刻二千卷”等皆散为云烟，逃难到浙东时，“独余少轻小卷轴书帖，写本李、杜、韩、柳集，《世说》，《盐铁论》，汉唐石刻副本数十轴，三代鼎鼐十数事，南唐写本书数箧”而已。这些书也是因“偶病中把玩、搬在卧内者，岿然独存”。而后迁至浙东境内的台州、剡县（今浙江嵊州）、睦州(今浙江建德，属杭州)、黄岩、越州（今浙江绍兴），最终定居杭州，所携之书已大多散去。战乱中的浙江没有为李清照的藏书活动提供很好的条件，只是留下了她的屣痕。

洪皓出使被拘，收集兵燹后的国家藏书

洪皓（1088—1155），字光弼，饶州鄱阳（今江西鄱阳）人。洪皓的私人藏书活动主要在嘉兴任地方官时，据载有藏书万卷，名画数百卷，后金人犯嘉兴，皆毁，有三瑞堂藏书楼。

建炎三年（1129），洪皓出使金国被羁留，十五年不还。在金期间，他在十分困难艰苦的条件下“访求于廛市之间，换易于酋渠之家”，所得甚多。及放还，乃捆载以还临安，送交秘书省作为故国文献收藏，为丰富南宋秘书省藏书作出贡献。

以上两人不是浙江本土人，但后期主要活动发生在浙江，尤其是杭州，故须表而出之。

钱勰、钱穌、文莹等北宋杭州本土藏书家

北宋时，杭州藏书已开风气。钱勰、钱穌、文莹皆杭州本土人士。二钱皆五代钱王后人，性好藏书。据周密《武林旧事》和丁申《武林藏书录》所载，钱穌在杭州西湖九里松建有钱氏书藏藏书楼，所藏甚富，其友人苏东坡为之题额，清叶昌炽有“切云高阁郁嵯峨，绕屋苍松九里多”咏之。

文莹为北宋杭州僧人，所藏颇富，所藏古今著述中，仅宋初至熙宁年间即有文集二百余家，数千卷之多。所著《玉壶清话》一书，富有史料价值，还为李白《菩萨蛮·平林漠漠烟如织》一词提供了重要证据。

南宋杭州周煇、洪咨夔、陈起、陈思、周密等的藏书活动

周煇（1126—？）祖籍钱塘，后定居于清波门，著有《清波杂志》，即以居地命名。周煇藏书颇富，有各类故书数万卷，且多为手抄。后为人所借而不还，心中不无耿耿，遂借古有“借书一瓻，还书一瓻”巧改“借书一痴，还书一痴”以自我调侃，为藏书雅事。

南宋临安於潜人洪咨夔是个直臣，后遭贬官不为世所用，曾回家乡读书于西天目山宝福寺，藏书于此，魏了翁为撰《洪氏天目山房记》以称之。

陈起和陈思都是南宋杭州御街书坊主人，以刻书知名于世。陈起，字宗之，一字芸居，宋宁宗时曾应乡试第一，人称陈解元。藏书甚富，赵师秀称他“四围皆古今，永日坐中心。门对官河水，檐依绿树阴。每留名士饮，屡索老夫吟。最感书烧尽，时容借检寻”。黄顺之有诗咏之“羡君家阙下，不踏九衢尘。万卷书中坐，一生闲里身”。杜子野称他“往年曾见赵天乐，数说君家书满床。成卷好诗人借看，盈壶名酒母先尝”。由此可知这位藏书家藏书之丰富。

陈思曾官成忠郎，为缉熙殿、秘书省搜访。他也是杭州书商，集编书、藏书、售书于一身，有较高的古籍鉴别能力，编有《宝刻丛编》《两宋名贤小集》等。

周密（1232—1298），字公谨，号草窗，南宋著名词人，也是吴兴周氏藏书的第三代传人，有书种堂、志雅堂藏书楼，后定居杭州癸辛街，藏书亦随之入杭。

2. 湖州

两宋时期，浙北湖州也是藏书要地，其著名者有贺铸、沈思、叶梦得，以及周珌、周鼎、周密的书种堂、志雅堂三世藏书。还有一位即是陈振孙，他的目录学名著《直斋书录解题》在某种程度上也是他的藏书目录。

贺铸，原籍山阴，晚年居湖州石林。周密在《齐东野语》卷十二《书籍之厄》曾称贺铸藏书达万余卷，手自校雠，无一字脱离。陆游也有此说，称贺铸“喜校书，朱黄未尝去手”。贺铸藏书南宋初年由其子贺廪进献朝廷，对南宋秘书省藏书也作出了贡献。

湖州东林沈思及其子沈偕皆好藏书，与苏轼交好。一次沈偕赴汴京应试，中试后尽买监书以归，传为美谈。关于湖州藏书之盛，周密尝言：“至若吾乡故家，如石林叶氏、贺氏，皆号藏书之多，至十万卷。其后齐斋倪氏、月河莫氏、竹斋沈氏、程氏、贺氏，皆号藏书之富，各不下数万余卷。”于此盖见湖州一地宋时藏书之发达。

南宋湖州藏书最值得称道的是陈振孙的直斋藏书。陈振孙（1183—?），字伯玉，号直斋，湖州安吉人，书香世家出身。陈振孙从小受到家庭的熏陶，三十岁时在江西南城任官时即开始藏书，调任兴化军通判时大量购买刻本书，又传录了许多书，所传录之书极多，得人赠书亦多，所以到他调任临安时已经是闻名远近的藏书家了。在此情况下，他整理藏书已达五万余卷，遂开始撰著《直斋书录解题》，成一代目录学名著。

3. 绍兴

绍兴，北宋时称越州，南宋建炎四年（1130），宋高宗赵构驻越州，以“绍祚中兴”之义，次年改年号为绍兴，并升越州为绍兴府，为两浙东路治所。绍兴历史上人文鼎盛，以藏书而论，东汉时已有私人藏书活动，东汉末在会稽就有王充《论衡》抄本流传，三国时王朗任会稽太守得《论衡》，即是一例，嗣后阚泽以“佣书”为业及南朝孔休源藏书皆是其例。

宋代绍兴藏书，北宋时有石待旦万卷堂藏书。石待旦，字季平，人称石城先生，宋越州新昌（今浙江新昌）人。天禧三年（1019）进士，后隐居石溪，筑书楼以蓄书。及至南宋，私家藏书更盛。据《嘉泰会稽志》称：“越藏书有三家，曰左丞陆氏、尚书石氏、进士诸葛氏。”此外尚有李光藏书，特别值得注意的是，以上四家皆为二世、三世世代藏书，反映了绍兴地区世代藏书风气之盛。

陆氏藏书

陆氏三世藏书为陆宰、陆游、陆子遹。陆氏父子都是当时全国闻名的藏书家。

陆宰（？—1148），字元钧，号千岩，山阴人。曾任直秘阁、淮南计度转运副使、京西路转运副使等职。宰平生处事为秦桧所嫉，在政治上受到压抑，后领祠禄，处于投闲散置地位，未能有所展布。

陆宰归隐山阴后，曾筑双清堂、千岩亭，藏书达一万多卷，双清堂就是他的藏书之所。南宋高宗赵构于绍兴十三年（1143）下诏征求天下遗书，据《嘉泰会稽志》卷十六《求遗书》称：“首命绍兴府录朝请大夫直秘阁陆宰家所藏书来上，凡万三千卷有奇。”陆宰长子陆淞还参加了校勘工作。

陆游（1125—1210），字务观，号放翁，是南宋著名的爱国诗人，同时还是南宋的著名藏书家。他的父亲陆宰藏书一万三千卷以上，对陆游的学业和事业都产生了很大的影响。陆游在《解嘲》诗中云：“我生学语即耽书，万卷纵横眼欲枯。”他幼年即好学，与书结下了不解之缘，少时就遍读了家中藏书。在《渭南文集》卷二十九《跋王右丞集》中，他回忆青年时读王维诗的情景时写道：“余年十七八时，读摩诘诗最熟，后遂置之者几六十年。今年七十七，永昼无事，再取读之，如见旧师友，恨间阔久也。”

由于家庭的熏陶，陆游不仅爱读书，也和他的父亲一样酷爱藏书。《嘉泰会稽志》称，陆游曾经宦游两川，出峡不载一物，尽买蜀书以归。陆游后到荣州建有书斋“高斋”，过着清闲的读书生活。宋孝宗淳熙五年（1178），54岁的陆游奉诏入京面圣，离开了生活多年的四川，沿三峡取道回京城临安，又搜集和购置了大批蜀版书。

陆游的藏书，得之于日积月累的搜罗。陆游晚年归隐山阴，其书斋名曰“老学庵”，这亦可称他藏书的“书巢”。他有《题老学庵壁》诗：

此生生计愈萧然，架竹苫茅只数椽。
万卷古今消永日，一窗昏晓送流年。
太平民乐无愁叹，衰老形枯少睡眠。
唤得南村跛童子，煎茶扫地亦随缘。

晚年的陆游爱书老而弥笃，以衰病之躯，还经常整理图书。《雨后极凉料简箧中旧书有感》一诗中曰：

笠泽老翁病苏醒，欣然起理西斋书。
十年灯前手自校，行间颠倒黄与朱。
区区朴学老自信，要与万卷归林庐。

石公弼、石邦哲博古堂藏书

石公弼，生卒年不详，初名国辅，字国佐，会稽新昌（今浙江新昌）人。他于宋哲宗元祐六年（1091）考中进士，宋徽宗大观年间官至御史中丞。为人正直，曾弹劾当时权相蔡京。累官至兵部尚书，后归乡而卒。《嘉泰会稽志》称："石氏当尚书亡恙时，书无一不有。"他收藏前代古器甚多，并纂集为图记。石公弼死后，其后代不能守，书遂散出。后其从子石邦哲又搜集购置而回，筑博古堂藏书楼以贮之。石邦哲曾官福建参议。据陆游《朝奉大夫石公墓志铭》载，后博古堂藏书达两万卷以上。石公弼一家自北宋迄南宋世代藏书，绵延不断。

布衣诸葛行仁藏书

宋代藏书家多为士大夫，但南宋越中三大藏书家之一的诸葛行仁，却是位布衣。诸葛行仁，生卒年不详，会稽人。因靖康之乱，公私典籍荡然。南宋高宗绍兴十三年（1143）建秘书省诏求天下遗书，以充实国家藏书。然诸葛行仁率先已于绍兴五年以所藏之书8546卷进献，而得赐进士，由此可见其所藏书当十分可观。诸葛行仁后代迁四明（今浙江宁波），其子孙也能世守其书而勿失。

4. 宁波

宁波宋时称明州。绍熙五年（1194）升明州为庆元府，属两浙东路，治鄞县（今浙江宁波），也是藏书发达之区，主要有：

楼钥月湖东楼藏书

南宋宁波月湖有两大藏书家，居南者为楼钥，居北者为史守之，故有“南楼北史”之称。故址在今月河竹洲。

楼钥（1137—1213），字大防，一字启伯，自号攻媿主人，鄞县人。宋孝宗隆兴元年（1163）参加礼部考试，文字偶犯忌讳，虽中进士而被置末等。试毕投贽拜谒在朝诸公，胡铨一见十分赏识，称赞说：“此翰林材也！”楼钥曾以随员身份出使金国，撰有《北行日录》，反映了沦陷区人民的痛苦生活。楼钥是位文学家，以散文见长。《宋史》本传称其文章擅长制诰体，曾起草光宗内禅制词，其中“虽丧纪自行于宫中，而礼文难示于天下”之句为海内所称颂。

楼钥精于经学，旁贯史学，兼通诸子百家，故《四库全书总目》卷一五九称其“学问赅博，文章淹雅，尤多为世所传述”。袁桷在《延祐四明志》中称其“中原师友传授，悉尽渊奥。经训小学，精确可信”。

楼钥性喜藏书，所著《攻媿集》有《以六经左氏传庄子遗伯中弟有诗来谢次韵》云：

手披欲究百家编，奴婢年来识郑玄。

顾我幸多千卷蓄，念君未有一经全。
诗书心醉不容醒，父子笔耕期有年。
此但古人糟粕尔，更须从此悟真筌。
书种传来直到今，读书几似孝标淫。
欲君终就九经库，与子平分一片心。
更向漆园穷妙旨，何殊清庙奏遗音。
中郎书籍付王粲，想得知余此意深。

于此概见其对读书、藏书真可说到了如痴如醉的程度。

仅举一例。他在《跋春秋繁露》一文中说："《繁露》行世者，皆不合《崇文总目》及欧阳文忠公所藏八十二篇之数。余老矣，犹欲得一善本，闻婺女潘同年叔度景宪，多收异书。嘱其子弟访之，始得此本，果有八十二篇，前所未见。"

楼钥东楼藏书处，建于南宋绍熙二年（1191）。楼钥一生藏书逾万卷，所藏之书都亲加校核，因此他的藏书为世所重，人称"善本"。更可敬的是，作为藏书家的楼钥不将自己藏书秘不示人，有人向其借书传录，他都非常高兴。这种精神在那个时代也是难能可贵的，上面所录的那首诗就是他赠人《六经》《左传》《庄子》等书，人有诗赠之，乃次韵答之。

楼钥除藏书外，其私宅家刻本《攻媿先生文集》字体隽秀清朗，为宋刻精品。所著除《攻媿先生文集》外，尚有《北行日录》《乐书正误》等。

史守之"碧沚"三世藏书

南宋宁波藏书家中与楼钥齐名的史守之，藏书地在月湖之北，即"南楼北史"中的"北史"。

史守之，字子仁，鄞县人。守之藏书，始自其祖史浩（1106—1194）。浩，字直翁，鄞县人。绍兴十五年（1145），考取进士，任余姚县尉，后为温州府学教授，升太学正、国子博士。曾上高宗书，在普安、恩平两皇子中择一立太子，以建言被采纳，升秘书省校书郎兼皇子教授。淳熙十年（1183），致仕归里，卒封会稽郡王，后改越王。

史浩致仕归里后治第宅，建阁藏高宗、孝宗两朝赐书，以“明良庆会”名其阁，孝宗为书“旧学”名其堂，有藏书印“旧学”“复隐”“旧学史氏复隐书印”等。

史守之之父为史弥大，字方叔，乾道五年（1169）进士，历官秘书丞、浙西提举，官终礼部侍郎。弥大能守父之两朝赐书，并有所增益，后将所有藏书及书画等传与其子史守之。

史守之出身世家，曾任朝奉大夫，后隐居月湖松岛，与名士杨简、袁燮交好。宋宁宗赵扩曾亲书“碧沚”两字赐之。守之曾师事楼钥，两人交谊颇深。著有《升闻录》。

时人论藏书，以为史守之“牙签最富”。清人全祖望《湖语》云：“藏书之富，南楼北史；宛委之山，不过尔尔。”守之有藏书印“碧沚”“史氏家传翰苑收藏书画图章”等。

就在月河边上，宋韵流芳。到明代，范钦建起了天一阁，这是全国最后的藏书楼，也是世界上少数几座现存的最早藏书楼之一。

宋代浙江藏书除上述杭州、湖州、绍兴、宁波外，浙西、浙东皆有藏书活动，此外嘉兴有闻人滋南湖草堂藏书、岳珂金陀坊藏书、许棐梅屋藏书，台州有王纹、王所、陈贻范藏书，温州有万世延、薛高藏书，处州（今浙江丽水）有周启明山乡藏书等。

两宋时期，浙江私人藏书已成为一时风尚，直接影响了浙江藏书明代的繁荣和清代的鼎盛，藏书成为浙江文化和宋韵的突出表现。两宋时期，士大夫藏书已成为主流，藏书世家辈出。据《中国藏书通史》宋代部分统计，宋代沿袭两代以上藏书家有数十家之多，其中沿袭三世以上有事迹可考的为14家，浙江占3家，即浙江绍兴的陆宰、陆游、陆子遹，鄞县的史浩、史弥大、史守之，以及湖州的周珌、周鼎、周密，占总数的21%，这个比例是很高的。

（二）宋韵藏书之最：南宋秘书省

秘书省为官署名，掌古今经籍图书、国史、实录、天文历算等事，南宋时具有国家图书馆职能。高宗重视文教，绍兴元年（1131）驻跸越州即恢复秘书省建置；绍兴二年移跸临安，秘书省先迁油车巷东法惠寺；绍兴十三年重建于天井巷东故殿前司寨。原址在今延安南路南端（今西湖银泰区块）。高宗书“右文殿”“秘阁”两榜。秘书省内共有书库及办公用房150余间，其中主要为书库，有秘阁书库，道山堂，图画库，以及经、史、子、集各库，印书作，搜访库，国史库等。秘书省所藏图书，据淳熙五年（1178）《中兴馆阁书目》所载，有44486卷。至宁宗嘉定十三年（1220）《中兴馆阁续书目》，又增14943卷。故《宋史·艺文志》所言“视《崇文总目》又有加焉”，并非虚夸之词。惟陈骙《中兴馆阁书目》及张攀《中兴馆阁续书目》久佚，王应麟《玉海》卷五二《淳熙中兴馆阁书目》《嘉定续书目》条尚有具体数字。

王应麟言张攀《中兴馆阁续书目》：“秘书丞张攀等乞编新目，以续前书，得书七百五十二家、八百四十五部，凡一万四千九百四十三卷。”这是南宋秘书省藏书的权威数字。

高宗、孝宗均曾驾幸秘书省阅书。绍兴十四年（1144）七月丙子，高宗幸秘书省，据王应麟《玉海》卷二七载：

至道山堂降辇，遂幸秘阁。先是戊午游操等上表请率。召群臣观累朝御制御书、晋唐书画、三代古器。还御右文殿，赐群臣茗饮，赐少监游操御书扇。戊午，上曰："秘府书籍尚少，宜广求访。"诏曰："周建外史，掌三皇五帝之书，汉选诸儒，定九流七略之奏。"

《玉海》又载孝宗秘书省阅书：

五年九月十二日壬申，幸秘书省，受朝右文殿。移御秘阁，入东西壁观累朝御书。上手以光尧太上皇帝所书《琴赋》示群臣，谕曰："此钟王所不及。"既又修太平兴国故事，张宴右文殿。酒五行罢。翌日癸酉，赐御制诗。诗有"宴开芸阁，坐对蓬山"之语。又曰："稽古右文惭菲德，礼贤下士法前王。"

当日南宋秘书省规模，可能是亚洲也是世界规模的图书馆，其内部书库即有：

名称	面积（间）	位置	所藏内容
秘阁书库	5	前，右文殿后	御制御礼、书画、石器、本朝会要、日历
道山堂	5	前，秘阁后	秘阁四库书目
御书石刻	1	后，东廊	南宋孝宗御书石刻
石器库	3	后，东廊	内设绿橱三、木架六以放置古器
图画库	1	后，东廊	图画

续表

名称	面积(间)	位置	所藏内容
秘阁书库	3	后,东廊	内设绿橱八,藏秘阁书
子(书)库	5	后,东廊	有绿橱七,藏子部书
经(书)库	5	后,东廊	有绿橱七,藏经部书
御书石刻	1	后,西廊	高宗、孝宗御书石刻
秘阁书库	2	后,西廊	有绿橱八,藏秘阁书
印本书库	3	后,西廊	有绿橱七,藏诸州印版书
集(书)库	5	后,西廊	有绿橱七,藏集部书
史(书)库	5	后,西廊	有绿橱七,藏史部书
碑石库	2	后,西廊	藏碑石
印书作	2	后,西廊	《太平广记》,乐府版五千片,新刻《馆阁录》版一百五十四片,《中兴书目》版一千五百八十片
搜访库	5	后,西廊	《徽宗实录观书燕集题名》石刻,著作之庭石刻,此为旧提举所书库
国史库	2	后,西廊	日历、时政记、起居注
著作之庭	1	后,西廊	有金漆书橱一,著庭书目

资料来源:傅璇琮主编《中国藏书通史》,宁波出版社2001年版,第308页。

陈骙《南宋馆阁录》所记为南宋前期秘书监情况，及至宋末，浙江藏书家周密于德祐元年（1275）入秘书监亲历所见：

乙亥岁秋，秘书监丞黄恮汝济，以蓬省旬点，邀余偕行，于是具衣冠望拜右文殿，然后游道山堂。堂故米老书匾，后以理宗御书易之。著作之庭，胡邦衡所书，曰“蓬峦”，曰“群玉堂”。堂屏，坡翁所作竹石，相传淳熙间，南安守某人，乃取之长乐僧寺壁间，去其故土，而背施髹漆，匣以持献曾海野；曾殂后，复献韩相平原；韩诛，簿录送官。左为“汗青轩”，轩后多古桂，两旁环石柱二。小亭曰蓬莱，曰濯缨，曰方壶，曰含章，曰茹芝，曰芸香。射亭曰绎志，曰采良门。“采良”二字莫知所出。

……

最后步石渠，登秘阁，两旁皆列龛藏先朝会要及御书画，别有朱漆巨匣五十余，皆古今法书名画也。是日仅阅秋、收、冬、余四匣。画皆以鸾鹊绫、象轴为饰，有御题者，则加以金花绫。每卷表里，皆有尚书省印，防闲虽甚严，而往往以伪易真，殊不可晓。其佳者有董源画《孔子哭鱼邱子图》，唐模顾恺之《洗经图》，此二图绝高古。李成《重峦寒溜》，孙大古《志公》，展子虔作《伏生》，无名人《三天女》，亦古妙。燕文贵纸画山水小卷极精。土雷小景，符道隐山水，关仝山水，胡环马，陈晦柏，文与可古木便面，亦奇。余悉常品，亦有甚谬者。通阅一百六十余卷，绝品不满十焉。暇日想像书之，以为平生清赏之冠也。

周密所记重点是观书画，活动范围在右文殿后之秘阁书库，所藏为御制御札、书画、本朝会要，至于右文殿、道山堂、著作之庭仅是路过，未进入藏四部书之书库。但尽管如此，毕竟揭开了“深闭宫门”的一角帷幕，使人一窥书画收藏的内情和“往往以伪易真”的弊端。同时从周密所记，还可知宋时馆阁藏书画和士大夫藏书画同为一时风尚。

秘书省藏书主要来源是朝廷征书。士民踊跃献书，据有人统计，仅绍兴年间就有三十余人次献书，这中间浙江藏书家作出了特殊贡献。如绍兴十三年（1143）秘书省重建，于是下诏求天下遗书，“首命绍兴府录朝请大夫、直秘阁陆宰家所藏书来上，凡万三千卷有奇，时置书局于班春亭，命新信州教授虞仲琏、新江东安抚使准备差遣陆淞等数人校勘，再阅岁乃毕。今四库所藏多其本也。先是有布衣诸葛行仁，亦会稽人，进所藏书八千五百四十六卷，赏以官”。据此仅会稽一地，藏书家所进之书为21546卷有奇，而当时秘书省藏书数为44486卷有奇，浙江藏书家所献占总藏数的66%以上。此外，南宋临安为全国出版业中心，浙江各府州县皆大量刻书，故官刻、私刻、书坊、佛寺刻书极多，对增加秘书省藏书增加了来源。其时全国献书者亦多，但从实情来看，浙江对充实秘书省藏书起了重要作用。

二、刻　书

印刷术是我国的“四大发明”之一，有着重要的地位和影响。印刷术分雕版和活版两部分，通常人们所指的“一叶宋版一两金”说的就是雕版印刷书籍。北宋庆历年间毕昇发明的“活版”是对印刷术的重大改进，但由于工艺上的一些问题没有解决，终宋之世，没有应用于实际，仅停留在实验阶段。迄今没有发现宋代泥活字的印刷物。

雕版印刷在唐末五代时有了重大的突破，五代蜀国冯道用雕版刻“五经”，吴越国钱俶三刻《陀罗尼经》，每次84000卷。及至北宋，印书已成为一种产业，朝廷指定国子监为管理机构，专管其事，所刻书称“监本”。

人们重宋版书，首先是宋代去古未远，所刻书接近古书原貌，而且工艺精湛。经过两宋时期的发展，全国刻书要地有蜀、建、杭、汴四处，以杭州为最盛。南北宋之交的叶梦得在《石林燕语》卷八中说："今天下印书，以杭州为上。"杭州得此美誉，并非无因。主要是杭版书的写版工文化素质较高，所写版字体模仿唐代书法家欧阳询，间用柳公权、褚遂良体，一本书本身就是一件书法艺术品，秀雅无比，使人爱不释手。再是杭州所用刻书木板，多为梨枣坚木，材质坚硬，所刻书叶字体不易走样。再是浙江就地取材，有佳纸好墨，书印成后，开卷便有一股书香气，所谓纸润墨香。宋版书总体超过后之元明清各代，成为一代骄傲，故后世书业界有"一叶宋版一两金"之称，宋版书是宋韵中的代表。宋版书可以说是前无古人，后无来者，并非虚夸之词。

（一）官刻

宋版书中凡国子监主持的官刻书，称"监本"。所谓"监本"，是国子监本的简称。北宋时，国家承平，经济发展，所以对刻书要求较高，所刻之书精益求精，当时财力也比较充盈，故刻书质量较高。开始，监本书都在首都汴京刊刻，自从吴越王钱俶在太平兴国三年（978）纳土归宋后，发现杭州刻书质量高于他地，因此淳化五年（994）七月宋太宗赵炅就下诏命杭州刻新校成的《史记》《汉书》《后汉书》三书，书校改好后，"遣内侍赍本就杭州镂板"。真宗赵恒咸平三年（1000）印《孝经》《论语》，朝廷议决，真宗命杭州刊版印刷，此后成为定例，凡重要典籍都命杭州印刷。这里有两个突出的事例，司马光主编的《资治通鉴》既为编年史，又实为治国方略的政书，书成后，于元丰七年（1084）编定，次年即奉神宗圣旨

"重新校定后交杭州镂板"。又，北宋仁宗赵祯皇祐元年（1049），因南方的一些军州连年发生瘟疫等传染病，有的军州甚至死十余万人，为了防治瘟疫，朝廷取秘阁所藏医书，委官校定后降付杭州刊印唐朝王焘所著《外台秘要（方）》以治疗疫病。医书一字之差即要误人性命，此等重要书籍都指定杭州刊印，由此可见杭州印刷质量之高。此外，官府和官办机构所刻的书都称"官刻"。

（二）坊刻

南宋杭州坊刻书异军突起，以杭州为例，从南宋京城北宫门和宁门起到今众安桥的御街上有数十百家民营书坊店，对杭州成为全国刻书中心起到重要作用，举其要者如次：

猫儿桥河东岸开笺纸马铺钟家刻《文选五臣注》

此为现知南宋书坊刊书较早者。在这个热闹的市肆中，南宋初年就有钟家开过一家笺纸马铺。纸马是一种迷信品，但钟家同时经营着刻书、卖书的营生，钟家所刻书我们现在仅知的是一部《文选五臣注》。此书现存二卷，卷二十九藏北京大学图书馆，卷三十藏国家图书馆。卷三十后有"钱唐鲍洵书字""杭州猫儿桥河东岸开笺纸马铺钟家印行"两行。此书当为南宋初年杭州刻本。卷中宋讳"桓""构"等字均不缺笔，则因南宋初年避讳制度未严之故。

南宋初杭州钟家所刊《文选五臣注》为三十卷本，钟家所刊之书估计当不止《文选五臣注》一部，只是文献无征而已。

临安府中瓦南街东开印输经史书籍铺荣六郎家刻葛洪《抱朴子·内篇》

中瓦南街地处今中山中路清河坊以北至羊坝头一带。荣六郎书坊原开设在河南开封，南渡后迁杭营业，于绍兴二十二年（1152）

刻印晋葛洪《抱朴子·内篇》一书，卷二十后附文字五行：

> 旧日东京大相国寺荣六郎家，见寄居临安府中瓦南街东，开印输经史书籍铺，今将京师旧本《抱朴子·内篇》校正刊行，的无一字差讹，请四方收书好事君子幸赐藻鉴。绍兴壬申岁六月旦日。

这份书后的“广告”，在某种程度上是中原文化南移的一个证据。荣六郎家原是相国寺中众多书铺之一。荣家迁杭后一定刊刻过多种书籍，《抱朴子·内篇》二十卷仅是其中之一。

中瓦荣六郎书籍铺给我们的启发是，南宋早期从开封迁杭的书铺估计当不止荣六郎一家，这些书籍铺的迁杭，对促进南北文化交流、南北印书发行，对繁荣杭州的版刻事业起到了一定的作用。

中瓦子张家及所刊《大唐三藏法师取经记》

吴自牧《梦粱录》卷一三《铺席》有“保佑坊前孔家头巾店、张卖食面店、张官人诸史子文籍铺……”记载，中瓦子张家疑即“张官人诸史子文籍铺”。

太庙前尹家书铺及所刊《北户录》等十种

太庙在瑞石山麓，今太庙巷内。尹家书铺所刊之书现知有：《北户录》三卷（唐段公路撰）、《春渚纪闻》十卷（宋何薳撰）、《却扫编》三卷（宋徐度撰）、《钓矶立谈》一卷（不著撰人）、《渑水燕谈录》十卷（宋王辟之撰）等多种，其余书坊皆不一一列名。

陈起刻印唐诗和江湖诗集

在南宋杭州御街的数十家书坊中，影响最大、对文化作出贡献最大的是陈起开在棚桥的睦亲坊陈氏经籍铺。

陈起，字宗之，杭州人，著有诗集《芸居乙稿》，南宋著名藏书家之一，宋宁宗时曾中举人，且为头名，即人称的“解元”。陈起一生刊书，以刊印唐诗和南宋江湖诗人诗最为知名，他刊刻唐诗功劳最著。

北宋“靖康之难”后，无论官私典籍破坏都十分严重。南宋时孝宗喜读唐诗，以皇帝之尊命人收集唐诗，然而“比使人集录唐诗，得数百首”，而且错乱甚多。陈起就是在这样一个大背景下从事唐诗的收集和刻梓的。由于陈起在宝庆（1225—1227）初年因为刊刻《江湖集》而遭流配，书板被劈，因此他究竟刊印过多少唐人诗集，我们难以得出一个完整的书目，但从流传下来的相关文献记载，陈起所刻唐人诗集数字已十分可观，今知至少有：《孟东野诗集》十卷、《李贺歌诗编》十卷、《集外诗》一卷、《韦苏州集》十卷、《李群玉诗集》三卷、《王建集》十卷、《常建诗集》十卷、《李推官披沙集》六卷、《朱庆余诗集》一卷、《周贺诗集》一卷、《碧云集》一卷、《于濆诗集》一卷、《张蠙诗集》一卷、《女郎鱼玄机诗》一卷、《唐求诗》一卷、《甲乙集》一卷、《浣花集》一卷、《唐僧弘秀集》十卷、《李丞相诗集》二卷等。

以上十多种唐人诗集，是陈起所刊全部唐人诗集中的小部分。我们从上面这个目录中至少可以得出以下几点认识：一是所刊多为中唐、晚唐和五代的唐人集，那么初唐、盛唐的诗集，陈起难道会不刊刻吗？二是陈起所刻唐人诗集的面很广，妇女鱼玄机的诗集他刻了，知名度不大的唐求的诗集他也刻了，其他人的诗集他会不刻吗？尤其是盛唐那些大家的诗集，他肯定也是刊刻的。三是关于《唐僧弘秀集》，这是一部收集唐诗僧52人作品的总集，可以推知他定然还会刊刻其他的总集，从情理上看这是完全可能的，事实上也有证据。陈起死后，他的友人周端臣《挽芸居》二首之一云：“天地英灵在，江湖名姓香。良田书满屋，乐事酒盈觞。字画堪追晋，诗刊欲遍唐。音容今已矣，老我倍凄凉。”周端臣所说的陈起“诗刊欲遍唐”，一方面可能是表明陈起的出版意图，但同时也证实了他刊刻了大量的唐诗，故而王国维在《两浙古刊本考》卷上中论定：“今日所传明刊十行十八字本唐人专集、总集大抵皆出陈宅书籍本也。然则唐人诗集得以流传至今，陈氏刊刻之功为多。”叶德辉也说：“今世所存书棚本唐人诗集，后题临安府棚北大街睦亲坊陈道人书籍铺，亦云陈宅书籍铺印行刊行者，多为起所刊也。”（《书林清话》卷二）由此，我们可以肯定地得出结论：陈起在保存唐诗这份中国文学瑰宝的事业中作出了杰出的贡献，在宋代的刻书家中是无出其右的。

除了刻印唐诗外，陈起还刻印了南宋江湖诗人的大批作品，其功绩亦巨。据著录，他刻印的宋诗主要有《江湖前集》《江湖后集》等。所谓“江湖诗人”，除个别人地位较高外，多数是指宋室南渡建都杭州以后的一些落第文士。这些人由于在功名事业上不得志，辗转流徙于江湖之间，靠献诗来维持生活，其代表人物为姜夔、戴复古、刘克庄等人。陈起究竟刊印了多少卷《江湖集》？至今仍不清楚，其原因有二：一是时代久远；二是由于南宋的一件“诗案”，书未能全部保存。

《四库全书总目》认为陈起刊南宋诗人的作品的功绩在于：“南宋诗家姓氏不显者多，赖是书以传，其摭拾之功亦不可没也。”“宋季诗人姓名篇什湮没不彰者，一一复显于此日，亦谈艺之家见所未见者矣。”不过据我看，这种评价还过低些。我们知道，宋诗在中国文学史上有重要地位，尽管“江湖诗”有“诗格卑靡”之病，但其反映生活面较广，对当时的政治形势也比较关心，艺术上有一定的成就。“江湖诗人”中像姜夔、刘克庄、刘过这些人，过去大家只注重他们的词而忽略了他们的诗，其实他们的诗也很有特色。如果我们要研究有宋一代的文化史，对江湖诗派这一文学流派是不能忽略的，它是上层文学和民间文学的中间环节。如果我们要研究宋诗，要编一部《全宋诗》，绝不能将这一百余位南宋“江湖诗人”弃之不顾。从保存中华文献的角度来说，陈起为保存和传播宋诗所做的工作，功绩是十分巨大的。在中国出版史上，以个人之力保存和刊刻如此众多的唐诗与宋诗，可说并无第二人！

（三）私刻

南宋时杭州私人刻书也极有名，最有名的为廖莹中所刻的《韩昌黎集》和《柳河东集》两部诗文集。

廖莹中世彩堂刻书与陈起有所不同，陈氏书坊刻书，有其营利上的考虑，而廖氏则不然，以其权势之大、资财之雄，故所刻书皆不惜工本，务求精美。

《韩昌黎集》为著名之廖氏世彩堂本，刻于宋末咸淳间（1265—1274），包括《昌黎先生集》四十卷、《外集》十卷、《遗文》一卷，由唐韩愈撰、宋廖莹中校正。各卷后镌篆书“世彩廖氏刻梓家塾”八字。此书与《河东先生集》齐名，两集字体、版式悉同。书法在褚柳间，秀雅无比。

《柳河东集》为宋咸淳廖氏世彩堂刻本，包括《河东先生集》四十五卷、《外集》二卷，由唐柳宗元撰、宋廖莹中校正。各卷后镌篆书“世彩廖氏刻梓家塾”八字。写刻精美，与上述《昌黎先生集》齐名。纸润墨香，在宋版书中被称“世无二帙”之“无上神品”。以上两书皆为廖莹中私刻本，刻地杭州，今为国家图书馆镇库之宝。

南宋时，除杭州为刻书重地外，湖州、嘉兴也是刻书要地。湖州刻书以民间力量刊刻两部《大藏经》最为知名。所刻两经为《思溪圆觉藏》5480卷和《思溪资福藏》5740卷。

宋朝刊印《大藏经》共有六次，即：

宋太祖开宝四年（971）在四川开雕的《开宝藏》，这是首创，是刊印《大藏经》之始。

宋神宗元丰三年（1080）由冲真、善明、咸晖主持在福建省福州东禅寺开雕的《大藏经》。此藏经历时23年至宋徽宗崇宁二年（1103）完成，共雕印佛经6434卷，世称《崇宁万寿大藏》。

宋徽宗政和三年（1113）由本明、宗鉴、行崇、了一及蔡俊臣、陈洵、刘渐、马楖等主持，在福州开元禅寺开雕《大藏经》6117卷，历时60年，至宋孝宗乾道八年（1172）完成，世称《毗卢大藏》。

宋高宗绍兴二年（1132）在湖州思溪圆觉禅院雕印《大藏经》5480卷，世称《思溪圆觉藏》，简称《思溪藏》。此藏为梵筴本（形如后世折子）。

宋孝宗淳熙二年（1175）安吉州思溪法宝资福禅院雕印《大藏经》5740卷，世称《思溪资福藏》，亦称《安吉州藏》。

宋理宗绍定四年（1231）由藏主法忠、功德主清圭、沙门德璋、志清、县瑞、惟吉等共同主持，在平江府（今江苏苏州）碛砂延圣院雕印《大藏经》6362卷，世称《碛砂藏》。

从以上简介中可以看出，南宋共刊印了三部《大藏经》，而其中两部是在浙江湖州刊印，概见其刊刻力量之雄厚。

南宋湖州的两部《大藏经》为王永从及其弟王永锡，其两侄王冲允、王冲彦，其两子王冲元、王冲和，捐弃家财所刊印。湖州古来富庶，自北宋以来素有藏书传统，故王永从刊印《大藏经》事非偶然，具有物质、文化上的基础和条件。

南宋两浙东路亦是著名的刻书地，官刻、坊刻、私刻皆备。

以绍兴而论，有著名刻书家洪适、沈作宾、汪纲活动于此。洪适于乾道初知绍兴府，任浙东安抚使，所刻有《松漠纪闻》《论衡》《元氏长庆集》《隶释》等。沈作宾以龙图阁帅知浙东绍兴府，曾两度莅绍，刊刻《春秋左传正义》经疏合一本。汪纲淳熙间曾知绍兴府，刻有《唐人万首绝句》等。

两宋刻书名家有以赵、韩、陈（杭州陈起）、岳（嘉兴岳珂）、廖（杭州廖莹中）、余、汪七家之最的说法。洪适、沈作宾、汪纲莅绍，多有刻书，且在古书刊刻上经疏合刊成一书，具有独创精神。

宋绍熙三年（1192）浙东茶盐司刊本《礼记正义》卷七十的末页有黄唐识语云：

> 六经疏义自京监蜀本皆省正文及注，又篇章散乱，览者病焉。本司旧刊《易》《书》《周礼》正经注疏萃见一书，便于披绎，它经独阙。绍熙辛亥仲冬唐备员司庾遂取《毛诗》《礼记》疏如前三经编汇，精加雠正，用锓诸木，庶广前人之所未备。乃若《春秋》一经顾力未暇，姑以贻同志云。壬子秋八月三山黄唐谨识。

黄唐这条“识语”提供给我们一个重要的信息，即是浙东茶盐司曾有“旧刊《易》《书》《周礼》正经注疏萃见一书”的经注、单疏合一本，这种合一本，完全是为了便于读者“披绎”，这是一种创造性的劳动，是刻印、出版古籍的重大革新。黄唐的识语十分明白地指出“本司旧刊……”，由此可知，黄唐只是继为者，而不是创始人。黄唐所说“本司旧刊《易》《书》《周礼》”三书，即是指《周易注疏》《尚书正义》《周礼疏》三书。

黄唐是个有心人，他不仅继前人事业，还续刻了《礼记正义》、《毛诗正义》（原刊本久佚），并希望《春秋正义》一经有后来“同志”以共成其事。及至庆元间，有吴兴沈作宾以龙图阁帅知浙东绍兴府，自称“分阃浙左”，称诸经正义既刊于仓台，而此《左传正义》复刊于郡治，合五为六，炳乎相辉，有裨后学，为东州盛事。从南宋绍兴间浙东茶盐司刊《周易注疏》《尚书正义》《周礼疏》到绍熙间黄唐刊《礼记正义》《毛诗正义》，最后到庆元间沈作宾在绍兴府刊《春秋正义》，犹如接力棒一样终于形成了在出版史上的一项举世无二的独创——经疏合一本。这在中国出版史以至世界出版史上都是值得大书一笔的，而且从黄唐的识语中可以看出，浙江的刻书家、出版家之所以有此独创，其基点是着眼于读者和服务于读者。正是在这种可贵的精神基础上才有版本上的重大改革和发明。

南宋台州唐仲友刻书

唐仲友（1136—1188），字与政，学者称说斋先生，婺州（今浙江金华）人。绍兴进士，绍兴三十年（1160）又中宏词科，出任建康府通判。孝宗时上万言书论时政。后历官秘书省著作郎，知信州、台州等。著有《六经解》《帝王经世图谱》《说斋文集》等。

唐仲友刊书活动主要是淳熙间知台州时，所刊书有：《荀子》二十卷、《杨子法言》十三卷、《中说》十卷、《昌黎先生集》四十卷、《后典丽赋》四十卷等。

唐仲友所刻之《荀子》人称“宋椠上驷”，叶德辉称：“当时雕镂之精，不在蜀刻之下。”但唐仲友刻书是利用公使库钱，书刻成后除送现任寄居官外，“悉数发归婺州本家书坊货卖”以获利。这是他的错误所在，但不能抹杀他在刻书史上的地位。

此外，南宋浙东名刻尚有衢州施元之刻苏舜钦撰《苏子美集》，亦极有名。婺州刻书亦有名，除官刻外，坊刻亦盛，如永康有“婺州永康清渭陈宅”，婺州又为浙江刻“巾箱本”最早之地，义乌有“青口吴宅桂堂”刊书等。金华双桂堂刻宋伯仁《梅花喜神谱》更是一部名刻。

宋韵书香，“一叶宋版一两金”，书香遍溢两浙大地！

阅读链接：

王国维：《两浙古刊本考》，国家图书馆出版社2018年版

傅增湘：《藏园群书题记》，上海古籍出版社1989年版

傅璇琮主编：《中国藏书通史》，宁波出版社2001年版

张秀民：《中国印刷史》，上海人民出版社1989年版

顾志兴：《浙江藏书史》，杭州出版社2006年版

顾志兴：《浙江印刷出版史》，杭州出版社2011年版

后　记

《中共浙江省委关于加快推进新时代文化浙江工程的意见》全面部署实施“宋韵文化传世工程”，要求系统开展宋韵文化研究传承和南宋文化品牌塑造，从思想、制度、经济、社会、百姓生活、文学艺术、建筑、宗教等方面，展示宋韵文化之气象。

全面、系统、扎实、准确的宋韵文化研究，是开展转化、传播工作的必要前提；简明可读的普及性读物，可为宣传文化领域和有兴趣的读者，提供了解宋韵文化的窗口。为此，浙江省社会科学院发挥浙学研究积淀深厚、成果丰硕、团队整齐等研究优势，由本院的浙江省哲学社会科学重点研究基地“浙学研究中心”负责开展“宋韵文化简读”课题研究，组织编写本册《宋韵文化简读》。浙江省社科联高度重视、大力支持本课题研究，将其列入浙江文化研究工程第三期重点项目，予以经费资助。

全书包括导论和对思想、制度、经济、社会、百姓生活、文学、艺术、建筑、宗教、科技等宋韵文化形态的简明解读，每一形态大多由基本特征、历史地位和当代价值三方面组成。旨在立足简明读本定位，以内容准确、史料扎实、文字简明、通俗可读为特色，研究宋韵文化的概念内涵、阐释宋韵文化的基本形态、提炼宋韵文化的精神实质、发掘宋韵文化的当代价值，依托研究者深厚的文史研究基础，提供全面、客观、准确、可读的宋韵文化读本，为实施“宋韵文化传世工程”、推进新时代文化浙江建设贡献理论支撑力量。

本书由浙江省社会科学院党委书记俞世裕倡议编写、指导思路并协调各方条件保障，由副院长、研究员、浙学研究中心主任陈野具体负责制定研究方案、体例、框架和全书统稿工作，院科研管理部在课题立项、联系出版和对外宣介等方面给予大力支持。本书写作团队均为长期从事宋代文化和浙江历史研究的专业学者，功底扎实，积淀深厚，多年坚持参与浙江省当代文化建设工作，了解文化建设和社会大众的需求，在优秀传统文化的当代传承弘扬上具有研究转化经验。各位研究人员克服种种困难，夜以继日，全力以赴，按时完成了研究和编写任务。全书各章作者如下：陈野撰写导论，张宏敏撰写第一章，王宇撰写第二章，王一胜撰写第三章，徐吉军撰写第四章、第五章、第八章，宋雪玲撰写第六章，毛建波、许可撰写第七章，陈永革撰写第九章，何勇强撰写第十章，顾志兴撰写附录。

衷心感谢何忠礼、何俊、陈立旭三位先生于百忙之中拨冗审阅整部书稿，提出修改意见和建议。衷心感谢省委宣传部、省社科联对本书编撰的高度重视和直接指导！衷心感谢浙江人民出版社领导和编辑老师的大力支持与协助，他们不厌其烦、精益求精地编校书稿，为提高本书质量起到积极作用！

本书作为浙江省哲学社会科学重点研究基地“浙学研究中心”的宋韵文化研究成果，对我们来说，是一次团队协作、集体攻关的有益尝试。但因编写任务急、时间紧，尤因我们研究不够、水平有限，差错与不足在所难免，敬请读者批评指正！